BREMERHAVEN

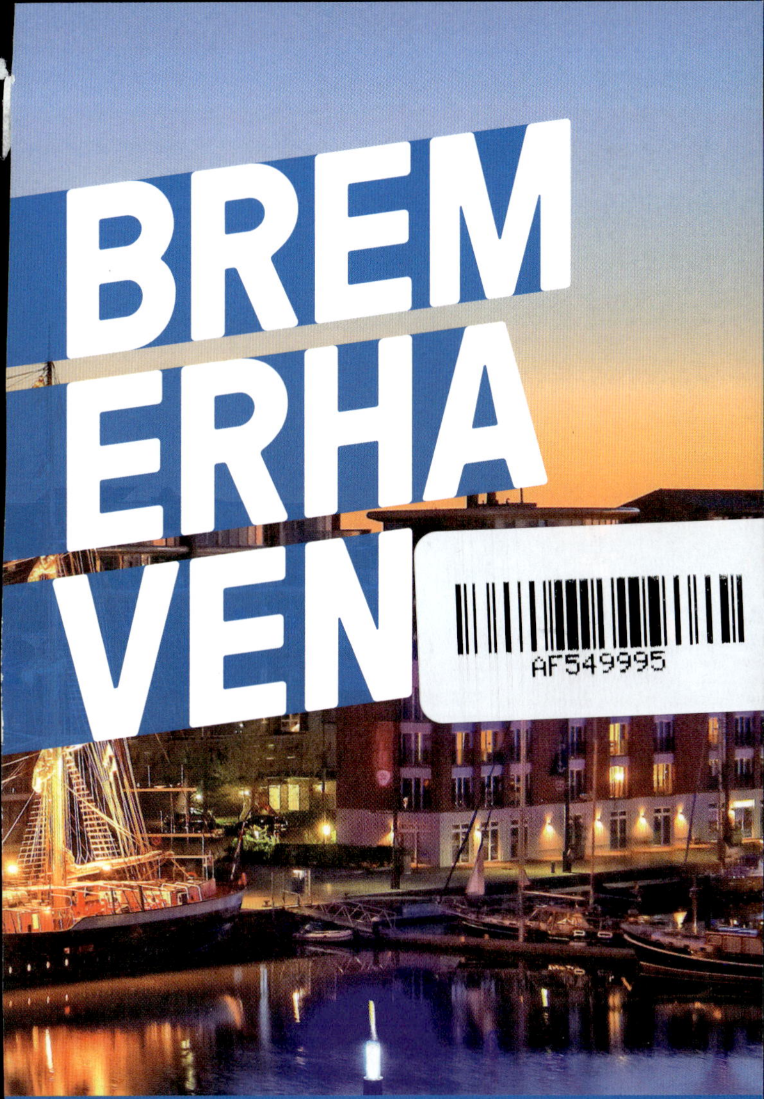

Jetzt Gratis-App downloaden

Für Android und iPhone

MARCO POLO TOP-HIGHLIGHTS

DEUTSCHES AUSWANDERERHAUS ★1

Eines der besten Museen Deutschlands steht am Neuen Hafen. Von der „Kaje der Tränen" besteigst du ein Auswandererschiff in Richtung Ellis Island, USA. Folge den Lebensgeschichten der über 7 Millionen Menschen, die von Bremerhaven aus in eine ungewisse Zukunft aufbrachen!

➤ S. 26

SCHULSCHIFF DEUTSCHLAND ★2

Willkommen an Bord! Tauche ein in die Welt der maritimen Ausbildung und entdecke das Leben auf einem echten Segelschiff. Erkunde die Decks und erfahre mehr über die traditionsreiche Geschichte dieses stolzen „Windjammers". Wer möchte, kann hier auch übernachten.

➤ S. 27

ZOO AM MEER ★3

Der Zoo mit Aussicht! Entdecke die Unterwasserwelt im Nordsee-Aquarium, bewundere die fotogenen Pinguine, schaue den Eisbären beim Planschen zu und suche die Pumas im Dschungel.

➤ S. 29

KLIMAHAUS BREMERHAVEN ★4

Einmal um die Welt in 3–4 Stunden: Von Bremerhaven aus folgst du dem achten Längengrad durch die Klimazonen der Erde und musst dafür nicht einmal ein Flugzeug benutzen (Foto).

Tipp: Fernreise faken mit Selfies in Samoa und der Antarktis!

➤ S. 30

DEUTSCHES SCHIFFFAHRTSMUSEUM 5

Schifffahrtsgeschichte hautnah und (fast) zum Anfassen: Bestaune die alte Hansekogge – ein faszinierendes Handelsschiff aus dem 14. Jh. – und erkunde die Schiffe im Museumshafen.

Tipp: die Kogge von oben (und unbedingt ohne Blitz) fotografieren!

➤ S. 31

ALTE BÜRGER 6

Auf Bremerhavens Szenemeile geht es bunt und quirlig zu. Spaziere entlang der Alten Bürger – hinter den klassischen Fassaden verbergen sich Kunstgalerien, ein Unverpacktladen und jede Menge Kneipen. Im „piccolo teatro" erlebst du große Schauspielkunst auf der kleinen Bühne.

➤ S. 35

HISTORISCHES MUSEUM 7

Dein Intensivkurs in Sachen Bremerhaven! Neben einem tiefen Einblick in die Stadtgeschichte geht's um die Themen, die die Stadt beweg(t)en: Fischerei und Schiffbau. Historische Schiffsmodelle, Werftwerkzeuge und traditionelle Fischereigeräte erzählen ihre Geschichten.

➤ S. 35

SCHAUFENSTER FISCHEREIHAFEN 8

Wo einst die Fischdampfer ausliefen, erwartet dich heute ein Erlebnisviertel zum Thema Fisch! Frischen Fisch gibt's zum Hier-Essen oder Mitnehmen, das Fischkochstudio hilft beim Zubereiten und auf dem *FMS Gera* lernst du, wie ein Fischkutter funktioniert.

Tipp: auf den Stufen zum Hafenbecken sitzend den Sonnenuntergang einfangen.

➤ S. 37

TREFFPUNKT KAISERHAFEN 9

„Die letzte Kneipe vor New York" – wo Seeleute die letzten Stunden an Land genießen, werden auch Landratten satt. Lass dir Rotbarsch und Labskaus schmecken – das Hafenambiente und die kultige Einrichtung gibt's gratis dazu!

➤ S. 50

MEIN OUTLET & SHOPPING-CENTER 10

Shopping, bis die Karte glüht! In der maritim gestalteten Mall locken große Marken und hochwertige Produkte zu unschlagbaren Preisen. Rund 40 Geschäfte und der tolle Food-Court rund um das zentrale Atrium machen den Einkaufstag zum Erlebnis.

➤ S. 58

INHALT

⏲	Besuch planen	☂	Bei Regen
€ – €€€	Preiskategorien	🐷	Low-Budget
(*)	Kostenpflichtige Telefonnummer		Mit Kindern
		⚑	Typisch

(🕮 A2) Herausnehmbare Faltkarte
(0) Außerhalb des Faltkartenausschnitts

DAS BESTE ZUERST

Spazieren am Weserstrand mit Blick auf das ATLANTIC Hotel Sail City

BEST OF BEI REGEN

SCHÖN, AUCH WENN ES REGNET

WELTHÄFEN ENTDECKEN

Mit dem *HafenBus* (Foto) unternimmst du zuerst eine kleine Stadtrundfahrt und bestaunst dann riesige Frachtschiffe im Containerhafen. Hier erfährst du alles über den internationalen Handel in der „verbotenen Stadt", in der auf gar keinen Fall fotografiert werden darf – hier geht es über Zollgrenzen!

➤ S. 100

AUSWANDERUNG VERSTEHEN

Sobald du das *Deutsche Auswandererhaus* betrittst, hast du mit dem Wetter draußen nichts mehr zu tun. Aber Vorsicht: Auch die Reise mit dem Auswandererschiff wird stürmisch!

➤ S. 26

RAN AN DIE TÜTEN

Shopping geht in Bremerhaven trockenen Fußes! Vom *Mein Outlet & Shopping-Center* führt eine gläserne Brücke zum *Columbus Shopping Center* und selbst die Fußgängerzone ist teilweise überdacht. Bei Schietwetter kann das wegen des tollen Angebots aber ganz schön teuer werden!

➤ S. 58

VORHANG AUF

Ob Sonne, Wind, Regen oder Sturm, das *Stadttheater* sorgt für beste Unterhaltung. Auf dem anspruchsvollen Spielplan stehen Schauspiel, Oper, Musical, plattdeutsche Stücke und Tanztheater. Wenn die Vorstellung vorbei ist, geht's direkt …

➤ S. 69

AUF EIN, ZWEI DRINKS …

… zu *Marlene*. Die *New York Bar* im Stil der 1920er-Jahre serviert feine Cocktails. Einen *Marlene's Painkiller* gegen den Regenblues oder einen *White Basil* mit weißer Schokolade und Basilikum? Danach scheint zumindest im Herzen wieder die Sonne!

➤ S. 67

BEST OF

LOW-BUDGET

FÜR DEN KLEINEN GELDBEUTEL

KUNST OHNE KOHLE
Dein Einstieg ohne Risiko: Wenn du dir nicht sicher bist, ob moderne Kunst wirklich dein Ding ist oder du nur wenig Zeit hast: Im *Kunstmuseum* und in der *Kunsthalle* ist dienstags der Eintritt frei. Wenn dir die Ausstellungen gefallen: Spenden sind willkommen!
➤ S. 33

WISSEN FÜR ALLE
Bildung in Sachen Stadt- und Fischereigeschichte gibt's in Bremerhaven gratis: Im *Historischen Museum* (Foto) lernst du, was du wissen musst, um die Stadt noch besser zu verstehen. So geht auch ein Regennachmittag wunderbar vorbei. Der Eintritt ist frei!
➤ S. 35

ERSTE WAHL
Eine zweite Chance, ein zweites Leben, ein zweites Zuhause bekommen Klamotten, Schuhe und Accessoires in der schicken Secondhandboutique *Second Heaven*, in der es so gar nicht muffig zugeht. Schau dich um und lass dir Zeit, Stöbern ist erwünscht!
➤ S. 61

PERFEKTER PARK
Ob klein, ob groß, ob aktiv oder gemütlich veranlagt: Im *Gesundheitspark Speckenbüttel* lässt sich so ein Sommernachmittag gut aushalten. Spielen, sporteln, rudern, picknicken – im Urlaub ist erlaubt, was Spaß macht, und das geht hier prima.
➤ S. 43

GUTE NACHT BREMERHAVEN
Gemütlich nächtigen, ohne ein Vermögen auszugeben, und dabei noch neue Freunde finden? Das *havenhostel* ist dein Zuhause in Bremerhaven. Es liegt zentral in der Stadt und bietet auch Wohnmobilstellplätze. Einchecken, wohlfühlen und natürlich: wiederkommen!
➤ S. 88

BEST OF MIT KINDERN

SPANNENDES FÜR GROSS & KLEIN

REISE UM DIE WELT
Wie funktioniert eigentlich unser Klima? Die Reise durch das *Klimahaus Bremerhaven* ist ein Kurztrip durch die Klimazonen der Erde. Trefft die tierischen Bewohner der Sahelzone, bibbert in der Antarktis um die Wette, aber lasst euch in Samoa nicht von den Fischen fressen!
➤ S. 30

OHO UND AHA!
Mathe, Physik, Chemie – langweilig? Auf gar keinen Fall! Erstaunliche Experimente zum Mitmachen, optische Täuschungen und Wunder der Technik sorgen in der *Phänomenta* für Aha-Momente. Beim Ausprobieren der 80 Erlebnisstationen vergeht der Nachmittag wie im Flug.
➤ S. 38

UUUND ACTION!
Im *Alten Eiswerk* ist bei jedem Wetter Spaß angesagt: Die Kidszone (*D11 | Di–Fr 14–19, Sa–So 11–20 Uhr | Herwigstr. 24 | alteseiswerk.de/jumpin)* lockt mit einem riesigen Indoorspielplatz, nebenan wird in der Trampolinhalle Jumpin um die Wette gehopst.

HALLO PINGU!
Klein, aber fein ist der *Zoo am Meer*. Schau den Eisbären (Foto) beim Planschen zu, bewundere die Seelöwen und Pinguine und lerne, wie und warum Tierarten geschützt werden müssen. Bei den Affen lernst du neue Klettertricks!
➤ S. 29

SPÜRNASEN GESUCHT
Auf dem *Detektiv-Trail (ca. 2,5 Std. | ab 5 Euro p. P. | detektiv-trails.de)* sind kleine und große Rätselfreunde gefragt! Auf 5 km geht es durch die Havenwelten *b2* und die Innenstadt. Unterwegs warten spannende Hinweise, die bei der Suche nach der Schatzkiste helfen. Könnt ihr sie öffnen?

BEST OF

TYPISCH

DAS ERLEBST DU NUR HIER

MARITIM FEIERN
Bei den *Maritimen Tagen* zeigt sich Bremerhaven im August von seiner schönsten Seite. Fünf Tage lang gibt's Livemusik und Schiffegucken im Alten und Neuen Hafen. Street Food, Budenzauber und beste Laune gehören unbedingt dazu.
➤ S. 87

FISCH AHOI
Bei *Natusch* speist die Prominenz! Die Crème de la Crème der Fischrestaurants glänzt mit Frische, Kreativität und perfekter Gastfreundschaft. Jeden ersten Freitag im Monat katapultiert dich das All-you-can-eat-Smörgasbord-Buffet in den Genusshimmel.
➤ S. 50

ALLE MANN AN DECK
Auf der *Schulschiff Deutschland* (Foto) werden heute keine Seeleute mehr ausgebildet, lernen kannst du trotzdem was! Wie lebte es sich früher an Bord, was lernten die Zöglinge während ihrer Ausbildung und wie funktioniert eigentlich ein Segelschiff? Die Ehrenamtlichen erklären gerne!
➤ S. 27

IMMER DER NASE NACH
Frisch geräucherten Fisch kaufen und selbst zubereiten? Bei der alteingesessenen *Fischräucherei Franke* wird noch traditionell über Buchenholz geräuchert und das schmeckt (und riecht) man. Nicht zu lange im Laden bleiben!
➤ S. 58

FÄHRMANN HOL ÖVER!
12 Minuten dauert die Fahrt mit der Weserfähre von Geestemünde nach Nordenham, die dir den besten Blick auf die Skyline Bremerhavens verschafft. Ob als Fußgänger, Rad- oder Autofahrer – die traditionelle Bockwurst gehört hier dazu.
➤ S. 36

SO TICKT BREMER-HAVEN

Phänomenal: der Blick auf die Havenwelten vom Neuen Hafen

www.ALEX-2.de
ALEXANDER
IMO

ENTDECKE BREMERHAVEN

Erlebnisreich: Blick vom Neuen Hafen auf das ATLANTIC Hotel

Kaum angekommen, schon zieht es dich ans Wasser: Auf dem Deich flanierst du deinem Urlaub entgegen, das ATLANTIC Hotel Sail City glitzert in der untergehenden Sonne. Wie ein riesiges Segel erhebt es sich zwischen Innenstadt und Weser. Am Neuen Hafen angekommen, kannst du dich an den vielen schönen Schiffen nicht sattsehen. Du bleibst erst einmal hier und genießt eine Portion Backfisch. Willkommen an der Wesermündung, willkommen in der Seestadt Bremerhaven!

MUSEUM ALS ERLEBNIS

Auf gar keinen Fall verpassen solltest du die beiden unangefochtenen touristischen Highlights der Stadt: In den aufwendig inszenierten Erlebnisräumen des

1827 Auf Initiative von Bürgermeister Johann Smidt entsteht der bremische Vorhafen Bremerhaven

Ab 1830 Bremerhaven entwickelt sich zum größten Auswandererhafen Kontinentaleuropas

1845/47 Gründung des Hafenorts Geestemünde

1924 Aus Geestemünde und dem nördlich gelegenen Lehe wird Wesermünde

1944 Am 18. September zerstören britische Bomber den größten Teil der Innenstadt

Deutschen Auswandererhauses begibst du dich auf die Spuren von Millionen Auswanderern, die ab Mitte des 19. Jhs. von Bremerhaven aus in ein neues Leben aufbrachen. Für die meisten von ihnen ging es nach New York und dorthin führt auch deine Reise. Gemütliche Koje oder karge Pritsche, erste oder dritte Klasse? Das entscheidet (wie im echten Leben) das Glück. Im *Klimahaus Bremerhaven* reist du entlang des Längengrades 8° Ost 34' (der direkt durchs Klimahaus führt) einmal um die Welt! Unterwegs besuchst du verschiedene Klimazonen und erfährst, welche Herausforderungen das Leben in anderen Regionen, auch im Zeichen des Klimawandels, mit sich bringt. 250 Tierarten sind hier zu Hause, und die Wissens- und Erlebniswelt auf 11 500 m² Ausstellungsfläche ist eine Riesenattraktion für die ganze Familie und obendrein vollkommen unabhängig von den Kapriolen, die das Wetter hier gerne mal bereithält.

JUNGE STADT MIT ALTER GESCHICHTE

Das *Historische Museum* bringt dir die Themen Fischerei und Schiffbau näher und erklärt dir, wie Bremerhaven zu der Stadt wurde, die du heute vorfindest. Im *Deutschen Schifffahrtsmuseum* besichtigst du den Museumshafen und die spektakuläre Hansekogge aus dem 14. Jh. Im ehemaligen Fischereihafen liegt das Museumsschiff *FMS Gera*, der letzte noch erhaltene deutsche Seitentrawler und das einzige schwimmende Hochseefischerei-Museum Europas. Genießen,

- **1947** Wesermünde erhält einen neuen Namen: Bremerhaven
- **1962** Sturmflut: Ein Sperrwerk an der Geeste bewahrt Bremerhaven vor dem Schlimmsten
- **2000** Modernisierung des Neuen Hafens
- **2005** Eröffnung des Deutschen Auswandererhauses
- **2009** Das Klimahaus Bremerhaven eröffnet
- **2035** Geplant: Fertigstellung der neuen Stromkaje im Containerhafen

mitnehmen oder direkt vor Ort kochen kannst du den Fisch im *Schaufenster Fischereihafen* – einem Erlebnisviertel rund um den Fisch mit Räuchereien, Restaurants, Boutiquen, Souvenirläden und Fischkochstudio. Vom *Schaufenster Fischereihafen* verkehrt auch der *HafenBus*, der dich zu dem Ort bringt, der Bremerhaven Weltbedeutung verleiht: Die *Überseehäfen* im Norden der Stadt sind ein Kosmos für sich!

SHOPPING OHNE NASSE FÜSSE

Gefüllte Einkaufstüten gibt es in Bremerhaven bei Wind und Wetter: Im modernen *Mein Outlet & Shopping-Center*, dem nicht ganz so modernen, aber immer noch beliebten *Columbus-Center* (die beiden Shoppingmalls sind durch eine spektakuläre gläserne Brücke miteinander verbunden) und in der Fußgängerzone (bremerhavenerisch: *„Bürger"*) wird fast jeder Wunsch erfüllt. Einen kurzen Besuch abstatten solltest du bei der Gelegenheit auch der *Großen Kirche*, dem *Kunstmuseum* und dem *Stadttheater*. Von hier aus ist es nur ein kleiner Spaziergang *zur Alten Bürger*: Zwischen hübschen Gründerzeithäusern lockt das Bremerhavener Szeneviertel mit gut gefüllten Kneipen, Theater und Livemusik. Unterwegs begegnet dir immer wieder das Bremerhavener Stadtmaskottchen Hein Mück: Lässig lümmelt der umtriebige Seemann auf dem Campus der Hochschule, im Columbus Shopping Center und vor der Tourist Information. Der Matrose mit der Quetschkommode ist immer bereit für ein Foto und auch sonst nicht schüchtern: Man sagt, er habe in jedem Hafen eine und in Bremerhaven DIE Liebe gefunden. Ob es ihn wirklich gab? Zumindest gab es wahrscheinlich so einige Seeleute WIE ihn …

AN DER NORDSEEKÜSTE …?

Beim Thema Lage drückt man in Bremerhaven gerne mal ein Auge zu. Denn auch wenn die Seestadt mit maritimem Flair und Nordseecharme begeistert: Bremerhaven liegt nicht an der Nordsee, sondern an der Weser. Allerdings – um nicht kleinlich zu sein – an der Wesermündung. Also dort, wo sich der Fluss verbreitert, um dann 40 km nördlich bei Cuxhaven tatsächlich in die Nordsee zu münden. Die Ferienorte an der Nordsee und rund um das *Elbe-Weser-Dreieck* locken jedes Jahr Millionen Touristen in den Norden. Davon profitiert auch Bremerhaven als Destination für Stadterlebnis, Erlebniswelten und als zunehmend beliebter Anlaufort für Kreuzfahrtschiffe. Gleichzeitig ist das Verhältnis zur Schwesterstadt Bremen kompliziert (Klischeekiste ➤ S. 21), da orientiert man sich umso lieber in Richtung Nordseeküste. Mit dem Fahrrad, der Bahn oder dem Auto lassen sich das Cuxland, die Wurster Nordseeküste oder das Nordseebad Butjadingen mühelos erreichen (ab ➤ S. 79, 74). Aus touristischer Sicht ergibt sich also eine Win-win-Situation! Tipps zu Ausflügen sowie einen Vorschlag für eine Tagestour mit dem (E-)Rad findest du in den Kapiteln Rund um Bremerhaven (ab ➤ S. 70) und Erlebnistouren (ab ➤ S. 95).

AUF EINEN BLICK

CA. 120.000
Einwohner

leben in Bremerhaven (2021).

4,6 MIO. TEU
Containerumschlag

in Bremerhaven 2022

2,7 MILLIARDEN
Fischstäbchen pro Jahr

werden im Fischereihafen hergestellt.

7.300.000

Auswanderer bestiegen in Bremerhaven ein Auswandererschiff.

UNÜBERSEHBAR

140 METER HÖHE

misst das *ATLANTIC Hotel Sail City.*

9 STADTTEILE,

2 STADTBEZIRKE

UND 35 ORTSTEILE

SIMON-LOSCHEN-LEUCHTTURM

Ältester Festland-Leuchtturm an der Nordseeküste

23.000 KISTEN D-MARK-SCHEINE

wurden 1948 bei der „Operation Bird Dog" von den USA nach Bremerhaven gebracht.

(VERMUTLICH) GRÖSSTER AUTOPARKPLATZ DER WELT
in den Überseehäfen, Platz für 100.000 Fahrzeuge

DER KLEINSTE ZOO,
rund 1100 Tiere wohnen im Zoo am Meer.

5 KILOMETER
LÄNGSTE ZUSAMMENHÄNGENDE CONTAINERKAJE EUROPAS

BREMERHAVEN VERSTEHEN

VON DER STADT ZUM STADTTEIL

Aus Sicht der Bremer erzählt sich die Geschichte Bremerhavens ziemlich stringent: Aufgrund der zunehmenden Versandung der Weser befürchtete man zu Beginn des 19. Jhs., dass Bremen künftig nicht mehr von Handelsschiffen angefahren werden könne. Eine Lösung musste her und so sicherte sich 1827 der Bremer Bürgermeister Johann Smidt ein Gelände an der Außenweser, um dort, 60 km von der Hansestadt entfernt, einen Vorhafen zu bauen – den „Bremer Haven" (nach alter norddeutscher Schreibweise).

Doch diese Erzählweise unterschlägt, dass zum heutigen Bremerhaven auch Lehe und Geestemünde gehören. Lehe war schon in der Frühen Neuzeit ein bedeutender Marktort und ist heute der größte Stadtteil Bremerhavens (ca. 39 000 Einwohner). Für Bremerhaven als Fischereistandort entscheidend war die Entwicklung Geestemündes: Bereits im Jahr 1139 wurde der Ort Geestendorf erwähnt, der nach dem 30-jährigen Krieg an Schweden fiel, später von Dänemark übernommen und dann an das Herzogtum Braunschweig-Lüneburg bzw. das spätere Königreich Hannover verkauft wurde. Die Hannoveraner errichteten im 19. Jh. unweit des Ortes an der Geestemündung ambitionierte Hafenanlagen nach britischem Vorbild. 1847 zählte der rund um den Hafen neu gegründete Ort Geestemünde schon 15 Häuser. Es folgte ein rasanter Aufstieg: Geestemünde wurde mit seinem Handelshafen, dem Petroleumhafen und dem Holzhafen zum logistischen Dreh- und Angelpunkt der Industrie in der Region und vereinigte sich 1889 mit Geestendorf. 1896 entstand der Fischereihafen, der Geestemünde einen Platz in den Annalen der Hochseefischerei sicherte.

Nebenan, im bremischen Bremerhaven, waren es zu diesem Zeitpunkt vor allem der Schiffbau und der transatlantische Passagierverkehr, die der ebenfalls stark wachsenden Stadt zu internationaler Geltung verhalfen. Von hier aus stachen Tausende Auswandererschiffe in See und an der Wesermündung entstand die Reparaturwerft einer der größten und bedeutendsten Reedereien aller Zeiten: der NDL Norddeutsche Lloyd (ging 1970 in der Hapag-Lloyd AG auf).

1906 hatte Geestemünde rund 23 000 Einwohner, nach mehreren Eingemeindungen folgte der Zusammenschluss mit Lehe zu *Wesermünde*. 1939 vereinigte das Naziregime Wesermünde und Bremerhaven. Der Name Wesermünde setzte sich durch, allerdings verblieben große Teile des Hafengebietes in bremischem Besitz – und sind es bis heute.

Der Zweite Weltkrieg brachte große Zerstörung über Wesermünde, mehr als 90 % der historischen Innenstadt wurden zerstört. Dass die *Alte Bürger*

Werftarbeiten im Historischen Museum

➤ S. 35 heute noch in ihrer ganzen Pracht zu bestaunen ist, ist übrigens lediglich einer falschen Karte zu verdanken: Auf dem Kartenmaterial, das der britischen Luftwaffe vorlag, sah es so aus, als endete die zentrale Achse, die damals noch aus Bürgermeister-Smidt- und Kaiserstraße bestand (heute nur noch B.-S.-Straße), am Martin-Donandt-Platz. Sie machte jedoch nur einen Knick.

Nach dem Krieg gehörte Wesermünde zur amerikanischen Enklave und kam mit der Umbenennung in *Bremerhaven* zum Land Bremen. Die Integration wurde mit einer eigenen Verfassung erleichtert, die Bremerhaven heute zur freiesten Gemeinde Deutschlands macht. Geestemünde ist darin ein Stadtteil, doch die Geschichte des Ortes lebt weiter: im *Historischen Museum*, dem Fischereihafen, an der Geestebrücke und an vielen weiteren Orten, die du auf eigene Faust entdecken kannst.

ARMENHAUS ODER GLITZER-METROPOLE?

Wer im Internet nach Informationen zu Bremerhaven sucht, ist erst einmal verwirrt ob der Extreme, die im Zusammenhang mit der Seestadt auftauchen: Vom „Armenhaus Deutschlands" ist die Rede, von 13 % Arbeitslosigkeit, der zweitniedrigsten Kaufkraft und der höchsten Kinderarmut Deutschlands. Gleichzeitig zeichnen schillernde Reiseberichte das glänzende Bild einer aufstrebenden Touristenmetropole, ja, bezeichnen diese gar als „Dubai des Nordens". Wie passt das zusammen? Die Realität findet sich wie meistens irgendwo in der Mitte. Wahr ist: Bremerhaven ist keine reiche Stadt. Die nahezu komplette Zerstörung im Zweiten Weltkrieg, der Niedergang der Hochseefischerei und die Abkopplung vom reichen Bremen haben tiefe Narben hinterlassen. Wahr ist aber auch: Die Bremerhavener lassen sich nicht unterkriegen. Mit Touristenmagneten wie dem *Deutschen Auswandererhaus*, dem *Klimahaus Bremerhaven* und dem *Schaufenster Fischereihafen* zog wieder Leben ein, der Umschlag im Containerhafen wächst stetig und in den kommenden Jahren wird mit einem rasanten Anstieg des Kreuzfahrttourismus gerechnet. Die Columbuskaje wird derzeit entsprechend renoviert und vergrößert. Der Vergleich mit der Glitzermetropole Dubai mag übertrieben sein, doch wer Bremerhaven auf demografische Statistiken reduziert, wird der Stadt keinesfalls gerecht. Und warum eigentlich Dubai? „Schuld" ist das ATLANTIC Hotel Sail City – die beste Sicht auf das größte „Segel" Bremerhavens genießt du bei einer Fährfahrt von Nordenham nach Bremerhaven!

WO DAS FISCHSTÄBCHEN ZU HAUSE IST

Bremerhaven ist die Hauptstadt der Fischstäbchen. Seit 1959 werden die krossen Stäbchen in der Seestadt hergestellt und erfreuen sich damals wie heute großer Beliebtheit – nicht nur bei Kindern, sondern auch bei Menschen, die vor Fisch in Fischform eher

Bremerhaven gilt als Hauptstadt der Fischstäbchen

zurückschrecken. Im Bremerhavener Stadtteil Fischereihafen sind die Big Player der Stäbchenindustrie ansässig: *Frosta* und *Frozen Fish International* (gehört zu *Iglo*). Gemeinsam verschicken sie rund 2,7 Milliarden Fischstäbchen pro Jahr in alle Welt. Die Panade unterscheidet sich je nach Hersteller und Zielland, doch die Länge ist genormt: 9 cm lang, 2,6 Zentimeter breit und 1,1 Zentimeter hoch ist ein Stäbchen.

Dass hier produziert wird, ist kein Zufall: Mit einem Marktanteil von mehr als 50 % ist Bremerhaven der größte Fischverarbeitungsstandort Deutschlands. Noch in den 1960er-Jahren war hier der größte Fischereihafen des europäischen Festlands in Betrieb. Mit dem Aufkommen von Fabrikschiffen (auf denen direkt mit der Verarbeitung begonnen werden kann) sank die Bedeutung des Hafens jedoch kontinuierlich, bis er in der Bedeutungslosigkeit zu versinken drohte. Die politisch geförderte Neustrukturierung des Stadtteils war die Rettung und führte dazu, dass sich wieder zunehmend fischverarbeitende Industrie ansiedelte. Mit dem *Schaufenster Fischereihafen* ➤ S. 37 zog in den 1990er-Jahren auch aus touristischer Sicht wieder Leben in das ehemalige Herz der Hochseefischerei ein. Tipp: Über die Schulter schauen kannst du den Fischstäbchen-Spezialisten übrigens auch. Gläserne Produktionshallen ermöglichen einen Einblick in die Fertigung. Falls du so gar keine Fischstäbchen magst – auch Schlemmerfilet, Backfisch und andere fischige Fertiggerichte laufen hier vom Band.

KLISCHEE KISTE

HASSLIEBE

„Das Hauptgeschäft muss hier bleiben, und wenn dann von unserem wohlbesetzten Tisch hin und wieder ein Knochen abfällt, an dem die Leute in Bremerhaven nagen wollen, so mag man ihnen das gönnen." Die Worte des ehemaligen Bremer Senators Wilhelm Fritze (1781–1850) haben sich tief ins kollektive Gedächtnis der Bremerhavener eingebrannt. Dass sie immer noch zitiert werden, deutet darauf hin: Die Beziehung der Schwesterstädte Bremen und Bremerhaven ist vor allem eines – kompliziert. Denn in der Wahrnehmung hat sich auch 200 Jahre nach der Gründung der Stadt wenig geändert: Für die Bremer ist Bremerhaven vor allem ein praktisches Anhängsel, während man an der Wesermündung traditionell empfindlich auf mehr oder weniger subtile Kabbeleien (bei denen es meist ums Geld geht) reagiert. Mittlerweile hat Bremerhaven – nordisch pragmatisch – die Flucht nach vorne angetreten: Der Erfolg der großen Attraktionen, Veranstaltungen wie die SAiL, die touristische Orientierung in Richtung Nordsee und die Positionierung als „Fischtown" haben der Stadt viele Freunde und einen ordentlichen Schwung Selbstbewusstsein gebracht. Bremerhaven emanzipiert sich!

SIGHT SEEING

Ein Eldorado für Entdecker! Dass Bremerhaven „nur" rund 120 000 Einwohner und Einwohnerinnen hat, möchte man bei diesem Feuerwerk an spektakulären Sehenswürdigkeiten kaum glauben.

Museen der Superlative, erlebbare Schiffe, maritime Lebensart und die fröhliche Zugewandtheit der Bremerhavener sind die Argumente, die jedes Jahr mehr Besucher an die Wesermündung locken. Während Familien im *Klimahaus Bremerhaven* einmal um die Erde reisen (frieren und schwitzen inklusive!), ist das aufwendig insze-

Alle Adressen in diesem Kapitel findest du auf der Faltkarte

Architektur in Bestform: Klimahaus und ATLANTIC Hotel mit Aussichtsplattform Sail City

nierte *Deutsche Auswandererhaus* ein Muss für Geschichtsinteressierte. Die *Überseehäfen* mit dem riesigen Kreuzfahrt-Terminal und dem noch viel riesigeren Containerhafen solltest du genauso wenig verpassen wie einen Besuch der *Bremer Kogge* im *Deutschen Schifffahrtsmuseum*. Auf der *Schulschiff Deutschland* lernst du, wie noch vor wenigen Jahren Seeleute ausgebildet wurden, der *Zoo am Meer* sorgt für tierische Begegnungen. Das *Schaufenster Fischereihafen* serviert dir die volle Dröhnung Schiffs- und Fischkultur auf dem Silbertablett und ist nebenbei die beste Anlaufstelle für Souvenirs.

DIE STADTVIERTEL IM ÜBERBLICK

MARCO POLO HIGHLIGHTS

★ **DEUTSCHES AUSWANDERERHAUS**
Auf ein Schiff steigen und ein neues Leben beginnen – traust du dich? ➤ S. 26

★ **SCHULSCHIFF DEUTSCHLAND**
Das schönste Segelschiff weit und breit – alle Mann an Deck! ➤ S. 27

★ **ZOO AM MEER**
Klein, aber fein und mit allerbesten Aussichten für die Zootiere ➤ S. 29

★ **KLIMAHAUS BREMERHAVEN**
Einmal um die Welt auf dem 8. Längengrad ➤ S. 30

★ **DEUTSCHES SCHIFFFAHRTSMUSEUM**
Etliche Museumsschiffe und die spektakuläre Hansekogge aus dem 14. Jh. ➤ S. 31

★ **ALTE BÜRGER**
Die hübscheste Straße der Innenstadt ist heute die Szenemeile ➤ S. 35

★ **HISTORISCHES MUSEUM**
In zwei Stunden zum Profi in Sachen Stadtgeschichte ➤ S. 35

★ **SCHAUFENSTER FISCHEREIHAFEN**
Fische und Schiffe, Theater, Souvenirs, Kochshows … ➤ S. 37

★ **KREUZFAHRT-TERMINAL**
Der beste Ort zum Schiffe (und Elvis) gucken ➤ S. 40

★ **CONTAINER-TERMINAL**
Von Bremerhaven in die Welt! Dicke Pötte und logistische Meisterleistungen ➤ S. 40

Parkstr.
Wurster Str.
Gaußstr.
Strödacker
Neidenburger Str.
Cherbourger Str.
Lotjeweg
Cherbourger Str.
Bredenweg
Wurster Str.
Langener Landstr.
Kattowitzer Str.
hafen
Abbestraße
Steinkämpe
Beuthener Str.
Holzackerweg
Erzhafen
Spadener Str.
LEHE
Franziusstr.
Jahnstr.
Lange Str.
Rickmersstr.
MITTE S. 32
Kunst und Kultur in der Innenstadt
27
Alte Bürger ★
Hafenstr.
Lohmannstr.
Wiener Str.
Neuer Hafen
Geeste
B212
Schulschiff Deutschland ★
MITTE
Deutsches Auswandererhaus ★
Zoo am Meer ★
Klimahaus Bremerhaven ★
Dt. Schifffahrtsmuseum
Bürgerpark
Deutsches Schifffahrtsmuseum ★
Historisches Museum ★
Bismarckstr.
Bremerhaven Hauptbahnhof
Buchtstr.
Georgstr.
Schillerstraße
An der Mühle
GEESTEMÜNDE
Schaufenster Fischereihafen ★
GEESTEMÜNDE S. 35
Am Grollhamm
Geestemünde-Süd
Erst Geschichte erleben, dann mit Bockwurst Fähre fahren
Weserstr.
Auerstr.
800 m
875 yd
FISCHEREIHAFEN

HAVEN-WELTEN

Kaum zu glauben, dass hier vor gut zwei Jahrzehnten noch graue Parkplatztristesse herrschte! Der Umbau des Hafenviertels zu den Havenwelten zu Beginn des Jahrtausends war das Beste, was der Stadt Bremerhaven passieren konnte.
Mit dem *Deutschen Auswandererhaus*, dem *Klimahaus Bremerhaven* und dem *Zoo am Meer* hat der schmale Streifen zwischen Weser und Innenstadt heute echte Highlights zu bieten. Rund um den *Museumshafen* locken eine uralte Hansekogge und ein nicht ganz so altes U-Boot. Wellenbrecher am Deich dienen Sonnenuntergangsguckern und Picknickern als Sitzgelegenheit, Hotels werben mit fantastischen Ausblicken auf die Weser, und im *Neuen Hafen* werden Ausflugsschiffe, Arbeitsschiffe und private Boote geschleust. Mittlerweile ist rund um die *Lloyd Marina* fast alles verkauft oder vermietet, und das Hafenleben wird mit jedem Jahr bunter und trubeliger.

1 DEUTSCHES AUSWANDERERHAUS ★ ☂

Mehr als 7 Millionen Auswanderer emigrierten zwischen 1830 und 1974 von Bremerhaven aus in die Welt. Aber wer waren die Menschen hinter den Zahlen? Was waren ihre Gründe, Träume, Ängste? Wie erging es ihnen in der neuen Heimat? Im Deutschen Auswandererhaus wandelst du auf ihren Spuren. Nach einem kleinen Identitätswechsel am Eingang unternimmst du deine Reise unter dem Namen einer Person, die tatsächlich von Bremerhaven aus aufbrach. Über die eindrucksvoll nachgebaute *Kaje der Tränen* besteigst du dein Auswandererschiff, erlebst das entbehrungsreiche – oder luxuriöse – Leben an Bord und erreichst schließlich das gelobte (Ei-)Land: Ellis Island vor New York. Wie es „deinem" und anderen Auswandernden erging, erfährst du u.a. über Infoboards, Filmschnipsel und interaktive Modelle. „Critical Thinking Stations" laden zur Selbstreflexion ein, bevor du den zweiten Teil des Museums erreichst, in dem die Thematik aus einer anderen Perspektive heraus beleuchtet wird: Jetzt geht es ums Einwandern! Spannend: Im Forum Migration hast du im Rahmen der Familienrecherche die Gelegenheit, in Onlinedatenbanken nach ausgewanderten Verwandten zu suchen. Sonderausstellungen komplettieren das Programm. Im Museumsshop ➤ S. 59

INSIDER-TIPP
Tante Inge finden!

WOHIN ZUERST?

Definitiv in die **Havenwelten**! Ohne das Klimahaus und das Deutsche Auswandererhaus gesehen zu haben, darfst du nicht nach Hause fahren. Danach geht es ins Deutsche Schifffahrtsmuseum, zum Schaufenster Fischereihafen oder mit dem HafenBus zu den Überseehäfen.

Baujahr 1927: die *Schulschiff Deutschland* im Neuen Hafen

kannst du Bücher und andere Medien oder Souvenirs rund um das Thema Auswandern erstehen. Zwischen den beiden Ausstellungsteilen bietet sich ein Päuschen im Museumscafé an – hier gibt's wirklich richtig guten Kuchen! *Tgl. 10–18 Uhr | Eintritt Erw. 20 Euro, Kinder 5–16 J. 17 Euro, Familie 35 Euro | Columbusstr. 65 | dah-bremerhaven.de | Bus Havenwelten | 3 Std. | b2*

2 SCHULSCHIFF DEUTSCHLAND ★

Dieses wunderschöne Segelschiff, das 1927 in Bremerhaven vom Stapel lief, lag seit den 1990er-Jahren in Bremen vor Anker. Leider etwas abseits, sodass mit der Zeit immer weniger Besucher kamen. 2021 zog die (Schiffe sind immer weiblich!) *Schulschiff Deutschland* deshalb an ihren Liegeplatz im Neuen Hafen in Bremerhaven. Eine gute Entscheidung! Die *Schulschiff Deutschland* wurde ausschließlich zur Ausbildung des Nachwuchses für Großsegler konstruiert – wer hier gelernt hatte, konnte quasi auf jedem Segelschiff anheuern! Bis 1945 erhielten hier ca. 50 000 junge Menschen ihre Ausbildung zum Seemann, rund 6000 wurden Kapitän. Heute ist die *Schulschiff Deutschland* das einzige erhaltene „Vollschiff" der deutschen Handelsschifffahrt. Bei einem Rundgang an Bord erfährst du, wie es

sich als Zögling auf dem Schiff lebte und wie ein Segelschiff generell und im Speziellen funktioniert. Fragen beantworten die engagierten Ehrenamtlichen des Schulschiff-Vereins sehr gerne.

INSIDER-TIPP
Gute Nacht, Seebär!

Wenn dich das Leben an Bord so fasziniert, dass du nicht wieder gehen möchtest: Auf der *Schulschiff Deutschland* kannst du auch übernachten ➤ S. 89!

März-Okt. tgl. 10–18, Nov.-Feb. tgl. 10–17 Uhr | Eintritt Erw. 4 Euro, Kinder 3–6 J. 1 Euro, 7–14 J. 2,50 Euro, Familie 10 Euro | Lloyd Platz/Neuer Hafen | schulschiff-deutschland.de | Bus Havenwelten | 1 Std. | b2

3 LLOYD MARINA

Schiffe gucken, Fischbrötchen essen und sich am Meer wähnen! Was die Croisette für Cannes und die Copacabana für Rio de Janeiro ist, ist die Lloyd Marina für Bremerhaven. Seit der Eröffnung der maritimen Flaniermeile füllt sie sich Jahr für Jahr mit mehr Leben – Gastronomen bedienen ihre Gäste draußen, Eis und Fischbrötchen gibt's flanierfreundlich auf die Hand. Falls du mit deiner Jacht anreist, findest du hier einen Liegeplatz. *Neuer Hafen | Bus Havenwelten |* *a1*

4 SIMON-LOSCHEN-LEUCHTTURM

Schon von Weitem sticht der backsteinrote Leuchtturm mit der grünen Kuppel ins Auge. Der älteste Festland-Leuchtturm an der Nordseeküste wurde 1853 von Simon Loschen, dem Architekten der Bürgermeister-Smidt-Gedächtniskirche, erbaut und ist noch heute eines der wichtigsten Leuchtfeuer der Weserschifffahrt. Der Doppelsignalscheinwerfer an der Spitze fungiert als Oberfeuer, der Leuchtturm auf dem Willy-Brandt-Platz als Unterfeuer – in der Kombination weisen sie vorbeifahrenden Schiffen den Weg. Besichtigen kannst du ihn leider nicht, aber der Turm ist auch von außen eine Augenweide. Unterhalb des Leuchtturms befindet sich die Schleuse zur Einfahrt in den Neuen Hafen. Die Ansage, die Fußgänger zum Verlassen der Drehbrücke auffordert, erfolgt auf Deutsch, Englisch und Plattdeutsch. *Am Leuchtturm, Neuer Hafen | Bus Havenwelten |* *a2*

5 SCHLEUSENGARTEN UND DEICH

Direkt am Weserdeich, der gleichzeitig ein herrlicher Spazierweg ist, befindet sich ein Ort der Stille: Im Schleusengarten ehrt ein Denkmal gefallene Soldaten. Metallplaketten an massiven Eichenstämmen/Dalben erinnern an Menschen, die (teilweise erst kürzlich) von Bremerhaven aus ihren letzten Weg zur Seebestattung antraten. *Kommodore-Ziegenbein-Promenade | Bus Havenwelten |* *a2*

6 AUSWANDERERDENKMAL

Das Bronzedenkmal „Die Auswanderer" an der Seebäderkaje zeigt eine Familie beim Betreten eines Auswandererschiffes. Die Skulptur des amerikanischen Künstlers Frank Varga wurde 1986 geschaffen – als Sinnbild für Abertausende Familien, die von hier aus den Weg in ein neues Leben fern der Heimat begannen. „Von hier aus" ist dabei wörtlich zu nehmen: Das Denkmal steht an der Stelle, von welcher aus ehemals die Auswanderer abreisten. Auf der Rückseite des Sockels sind Namenslisten eingelassen. *Willy-Brandt-Platz | Bus Havenwelten |* *a2*

7 ZOO AM MEER ★

Der kleinste wissenschaftlich geleitete Zoo Europas ist größer, als du denkst. Denn viel besser ließe sich das Areal am Weserdeich nicht nutzen: Hoch und runter geht's im Zoolabyrinth, vorbei an Eisbären, Robben und Schneehasen, die hier in naturnah gestalteten Lebensräumen eine Heimat gefunden haben. Großzügige Gehege und Wasserbecken mit riesigen Scheiben ermöglichen die Beobachtung der Zoobewohner an Land und im Wasser. An manchen Stellen sieht es so aus, als könnten sie mit einem Flossenschlag in die Weser hüpfen. Vor allem wasserlebende und nordische Tierarten sind hier zu Hause. Aber halt, was machen die Schimpansen hier?! Seit mit Schimpansin Jenny im Jahr 1983 der erste Affe im Zoo einzog und Gesellschaft brauchte (Jenny wurde von einem Schiff gerettet, auf dem sie Tische abwischen musste), wohnen hier Schimpansen. Auch Pumas haben den Weg an die Weser gefunden. Dafür, dass hier nicht nur geguckt, sondern auch gelernt wird, sorgen zahlreiche Infotafeln zu Arten- und Klimaschutz, die Zooschule unterrichtet wissbegierige Nachwuchsforscher. Und falls dir der Zoo irgendwie bekannt vorkommt, obwohl du noch nie hier warst: Er ist einer von drei Drehorten der ARD-Serie „Seehund, Puma & Co.". *April–Sep. 9–19, März–Okt. 9–18, Nov.–Feb. 9–16.30 Uhr | Eintritt Erw. 10, ab 15 J. 7,50, 4–14 J. 6,50, Familie 26 Euro | Hermann-Henrich-Meier-Str. 7 | zoo-am-meer-bremerhaven.de | Bus Havenwelten | 2 Std. | a2*

8 AUSSICHTSPLATTFORM SAIL CITY

INSIDER-TIPP **Erst mal orientieren!**

Ein Besuch der Aussichtsplattform im 20./21. Stock des Hotels ATLANTIC Sail City lohnt sich vor allem zu Beginn deines Bremerhaven-Trips. Aus 86 m Höhe schaust du auf Bremerhaven, die Weser, zum Fischereihafen und bei schönem Wetter fast bis zur Nordsee. Danach hast du verstanden, dass Bremerhaven sehr schmal und sehr lang ist, und weißt, wo du unbedingt noch hinwillst (z. B. zu den großen Kränen in den Überseehäfen). Es lohnt sich, ein Fernglas mitzunehmen. Aber Achtung, hier oben ist es oft sehr windig – gut festhalten! *April–Sep. tgl. 9–21, Okt.–März tgl. 10–17 Uhr bzw. nach Witterung | Tickets am Ticketautomaten oder bei der Tourist-Info in den Havenwelten: Erw. 4 Euro, Kinder 2–12 J. 3 Euro, Familie 11 Euro | Am Strom 1 | atlantic-hotels.de | Bus Havenwelten | b2*

9 KLIMAHAUS BREMERHAVEN ★

Einmal um die Welt, und zwar zu Fuß! Folge dem achten Längengrad gen Süden auf eine spektakuläre Reise durch die Klimazonen der Erde. Das Klimahaus Bremerhaven ist einzigartig in Deutschland und vor allem für Familien ein Riesen-Highlight. Über die Schweiz geht es nach Sardinien, in die Sahelzone, in die Antarktis … Unterwegs wandelt sich nicht nur die Landschaft, auch Temperatur und Luftfeuchte verändern sich. Ganz so kalt wie in echt ist es in der Antarktis aus Energiespargründen zwar nicht, auf Minusgrade solltest du dich (für eine sehr kurze Zeit) aber einstellen. Zum Aufwärmen spazierst du danach nach Samoa, einem der beliebtesten Areale des Klimahauses. Tierisch was los ist hier auch im Wortsinne: 250 Tierarten leben im Klimahaus, darunter viele Fische, Spinnen, Reptilien usw. Nach deiner Reise um die Welt besuchst du das *World Future Lab*, wo du einzeln oder in der Gruppe spielerisch die Welt rettest. Im Ausstellungsbereich *Perspektiven* lernst du, was Klima und

Wetter überhaupt sind, wie sich das Klima in der Vergangenheit verändert hat und wie es sich künftig entwickeln wird. *Tgl. 10–18 Uhr (außer 24., 25., 31. Dez. u. 1. Jan.) | Preise s. Website | Am Längengrad 8 | klimahaus-bremerhaven.de | Bus Havenwelten | 3–4 Std. | b2*

10 U-BOOT WILHELM BAUER

Enge Gänge, kryptische Anzeigen, Ölgeruch im Maschinenraum – das Museums-U-Boot *Wilhelm Bauer* ist das einzige erhaltene U-Boot des Typs XXI. Als bahnbrechende Neuentwicklung revolutionierte es Mitte der 1940er-Jahre den U-Boot-Bau. Obwohl es nie wirklich zum Einsatz kam und 1945 von der eigenen Besatzung versenkt wurde, liegt das U-Boot heute in gutem Zustand im Museumshafen gegenüber dem Deutschen Schifffahrtsmuseum. Im Inneren lernst du jede Menge über Technik und Funktionsweise, gleichzeitig erinnert die *Wilhelm Bauer* an die Schrecken des Krieges und plädiert für eine friedliche Nutzung der Technik. *Mitte März–Mitte Nov. tgl. 10–18 Uhr | Eintritt Erw. 4 Euro, Kinder 6–17 J. 3 Euro | Museumshafen | u-boot-wilhelm-bauer.de | Bus Havenwelten | 1 Std. | b3*

11 DEUTSCHES SCHIFFFAHRTSMUSEUM ★

„Was hat die Schifffahrt mit meinem Leben zu tun?" Antworten sucht und findet eines der größten maritimen

Zwischenstopp in Polynesien: Samoa-Lagune im Klimahaus Bremerhaven

Museen Europas. Das *Deutsche Schifffahrtsmuseum (DSM)* ist eines von acht Leibniz-Forschungsmuseen in Deutschland und auch wenn die große Dauerausstellung noch bis Sommer 2024 geschlossen ist, das absolute Highlight und Hauptexponat ist weiterhin zu sehen: das Wrack der Bremer Kogge aus dem Jahr 1380! Bei ihrem Fund im Jahr 1962 war sie eine echte Sensation, denn bis dahin kannte man mittelalterliche Koggen praktisch nur von Abbildungen, etwa auf Münzen. Bis heute ist die Bremer Kogge das besterhaltene Handelsschiff des Mittelalters. Mit einem Manko: Sie kam nie zum Einsatz, sondern versank noch während der Bauphase in der Weser. Damals tragisch, für Forschende heute jedoch ein echter Glücksfall: Neben dem Wrack wurde auch jede Menge Werkzeug der Schiffbauer gefunden. Als die Kogge bei Bauarbeiten auftauchte, war der Jubel groß und nach einer umfassenden Rekonstruktion und 20 Jahren im „Plastikbad" ist sie heute so weit konserviert, dass sie unter gleichbleibenden Museumsbedingungen ausgestellt werden kann. In der Kogge-Halle erfährst du alles Wissenswerte rund um dieses besondere Schiff, maritime Andenken gibt's im Museumsshop. Im Museumshafen des *DSM*s liegen der Hafenschlepper *Stier*, der Walfänger *Rau IX* und der Hochsee-Bergungsschlepper *Seefalke*, die du in der Sommersaison besichtigen kannst. Voraussichtlich ab dem Sommer 2024 erwartet dich dann eine komplett neu gestaltete Dauerausstellung mit außergewöhnlichen Exponaten und modernen Wissensstationen. *Kogge-Halle u. Außenareal: Mo–So 10–18 Uhr | Eintritt Erw. 6 Euro, erm. 3 Euro | Hans-Scharoun-Platz 1 | dsm.museum | Bus Dt. Schifffahrtsmuseum/Stadttheater | 1½ Std. |* *b3*

12 PAUL ERNST WILKE HAUS

Am Alten Vorhafen zwischen Lotsenhaus und „Radarturm" befindet sich das ehemalige Sommerhaus und Atelier des Bremerhavener Malers Paul Ernst Wilke (1894–1971), der in erster Ehe mit der Sängerin Lale Andersen ➤ S. 42 verheiratet war. Das Gebäude steht unter Denkmalschutz und besitzt ein Atelier, Küche, Bad und einen Schlafraum unter dem Dach. Heute dient es wechselnden Gastkünstlern als Atelier auf Zeit: Maler, Bildhauer, Fotografen, Komponisten oder Schriftsteller arbeiten hier für jeweils zwei Monate. Am Ende präsentieren sie ihre Arbeiten dem Publikum in Ausstellungen, Lesungen oder Konzerten. Anscheinend wirken die romantische Lage und Atmosphäre des Häuschens besonders inspirierend: Das Atelier ist auf Jahre im Voraus belegt. Betreten kannst du es in der Regel nicht, durch die Fenster kann man aber hineinschauen. *Am Alten Vorhafen 2 | wilke-atelier.de | Bus Dt. Schifffahrtsmuseum/Stadttheater |* *b4*

MITTE

Mittendrin statt nur dabei! Die Kunst- und Kulturszene ist östlich des Columbus-Centers zu Hause.

Neben dem Kunstmuseum und der Kunsthalle steht hier auch das Stadttheater ➤ S. 69. Außerdem zu sehen: eine Kirche mit kompliziertem Namen.

13 KUNSTMUSEUM UND KUNSTHALLE ☂

Mit dem Kunstmuseum direkt neben dem Stadttheater erhielt der renommierte *Kunstverein Bremerhaven*

Die Große Kirche
in Bremerhavens Mitte

2007 ein eigenes Museum. Auf 700 m² Ausstellungsfläche erlebst du, welche Schätze sich in der 130 Jahre währenden Geschichte des Vereins angesammelt haben. Spannend sind die „Künstlerräume", die von den Künstlern selbst entwickelt und gestaltet werden. In der kleineren Kunsthalle wird bereits seit 1964 ausgestellt, im „Kabinett für moderne Kunst" finden Wechselausstellungen moderner Künstler aus aller Welt statt. *Dienstags ist der Eintritt frei! Kunstmuseum: Mo–Fr 10–18, Sa–So 11–17 Uhr | Karlsburg 1 | Kunsthalle: Di–Fr 11–18, Sa–So 11–17 Uhr | Karlsburg 4 | Eintritt Kombiticket 8 Euro, erm. 5 Euro, Familien 12 Euro | kunstverein-bremerhaven.de | Bus Hochschule/Stadttheater | 1 Std. | c3*

14 GROSSE KIRCHE

Auch wenn es eine Besonderheit darstellt, dass ein Gotteshaus einer weltlichen Person gewidmet wurde, ist der korrekte Name der Kirche den Bremerhavenern dann wohl doch zu sperrig für den regelmäßigen Gebrauch: *Vereinigte Protestantische Gemeinde zur Bürgermeister-Smidt-Gedächtniskirche*. Gebaut wurde das neugotische Backsteinschmuckstück von Simon Loschen in den 1850er-Jahren. Da der 80 m hohe Kirchturm alle Gebäude und den Deich überragte, wurde er nicht nur zum Wahrzeichen Bremerhavens, sondern auch zur Orientierungsmarke für Seefahrer auf der Weser. Mit dem Bau des *Columbus-Centers* in den 1970er-Jahren, genau in der Sichtachse, war damit Schluss. 1944 brannte die Kirche nach einem Bombenangriff völlig aus. 1960 wurde sie ein zweites Mal geweiht, doch der Innenraum hat heute nur noch sehr wenig mit dem Original gemein. Aus architektonischer Sicht sehenswert sind auch die Giebel und Brüstungen des Chors, an der Westseite der Kirche befinden sich die Sandsteinfiguren von Christus, Luther und Zwingli. *Bürgermeister-Smidt-Str. 45 | grosse-kirche.de | Bus Bürgermeister-Smidt-Straße | c2*

15 ALTE BÜRGER ★

Den nördlichen Teil der Bürgermeister-Smidt-Straße kennt man in Bremerhaven nur als „Alte Bürger". Die quirlige Meile, auf der heute Szenekneipen, Pop-up-Shops und das *piccolo teatro* ➤ S. 69 zu Hause sind, ist auch tagsüber sehenswert, denn durch einen Zufall ➤ S. 18 f. überlebte sie die Zerstörungen im Zweiten Weltkrieg. Wenn du nach oben auf die Fassaden der alten Bürgerhäuser schaust, erhältst du einen Eindruck davon, wie es in Bremerhaven früher an vielen Orten aussah. *Bürgermeister-Smidt-Str. 141–220 | diealtebuerger.de | Bus Schleusenstraße | C6*

GEESTEMÜNDE

Was 1847 von den Hannoveraner Welfenherzögen als eigenständige Stadt gegründet wurde, um Bremerhaven Konkurrenz zu machen, ist heute „nur" noch ein Stadtteil: Geestemünde liegt an der Mündung der Geeste in die Weser im Süden Bremerhavens.

1866 wurde Geestemünde wie das übrige Königreich Hannover preußisch und das war beileibe kein Nachteil: Die Hafenstadt wuchs rasant, einige Werften zogen von Bremerhaven dorthin um, andere entstanden neu. Geestemünde wurde zum wichtigen Standort für den Handel mit amerikanischem Petroleum und für die Fischindustrie. Später erfolgte die Vereinigung mit dem benachbarten Geestendorf, nach dem Ersten Weltkrieg wurde die Stadt mit dem nördlich gelegenen Lehe zu Wesermünde vereinigt. Die Wende kam nach dem Zweiten Weltkrieg: Seit 1947 gibt es Wesermünde nicht mehr und Geestemünde gehört zu Bremerhaven. So kann's gehen!

16 BÜRGERPARK

Endlose Weiten ... Der Bürgerpark ist die grüne Lunge Bremerhavens. Riesige Rasenflächen, duftend blühende Rosen und Stauden, Spielplatz und Tiergehege, Bootsteich, Fitnessparcours, einen Disc-Golf-Parcours und viele weitere Freizeitanlagen machen den Park zum beliebten Wochenend- und Feierabendziel. Ob beim Rennen, Radeln, Rodeln oder Picknicken, hier lässt es sich ziemlich gut aushalten! *Park jederzeit frei zugänglich | Johann-Michels-Weg | Bus Hauptbahnhof | F8*

17 HISTORISCHES MUSEUM ★

Die wechselhafte Geschichte Bremerhavens und seiner Stadtteile kann ganz schön verwirrend sein. Das Historische Museum bringt Licht ins Dunkel. Wie auf einem Zeitstrahl bewegst du dich durch die Jahrhunderte, liest von Fischfang und Schiffsbau, von Hafenhistorie, Auswanderern, königlichen Befindlichkeiten und, und, und ... Von spannenden Original-Exponaten über Film- und Hörstationen bis zur historischen Kältemaschine, mit der Eis hergestellt wurde (wenn du nett fragst, wird sie vielleicht sogar eingeschaltet), ist hier fast alles

zusammengetragen, was du über Bremerhaven und das Leben an der Küste wissen musst. *Di–So 10–17 Uhr | Eintritt frei | An der Geeste | historisches-museum-bremerhaven.de | Bus Historisches Museum | 2 Std. | c4*

18 WESERFÄHRE

ÖPNV kann auch Spaß machen! Die Fährverbindung zwischen dem Stadtteil Geestemünde und Nordenham wird vor allem von Pendlern genutzt. Ein Klassiker, den du dir unbedingt gönnen solltest, ist die Bockwurst an Bord. Zwölf Minuten dauert die Überfahrt (reicht locker für eine Bockwurst), bei schönem Wetter hast du einen fantastischen Blick auf die Bremerhavener Skyline. New York oder Dubai können einpacken! In Nordenham angekommen, unternimmst du einen schönen Spaziergang, begibst dich mit dem Rad auf den Weser-Radweg oder lässt dich einfach direkt im Biergarten des Weserschlösschens am Fähranleger nieder. *Hin- und Rückfahrt (zu Fuß): Erw. 4,80 Euro, Kinder 4–15 J. u. Schüler 2,50 Euro | An der Geeste | weserfaehre.de | Bus Fähranleger | ¾ Std. | c4*

FISCHEREI-HAFEN

Der Fischereihafen Geestemünde wurde 1890 gegründet und ist heute der nach Einwohnern kleinste Stadtteil Bremerhavens. Nur rund 200 Wahlberechtigte leben im Viertel. Nicht wahlberechtigt, aber dennoch hier zu Hause: das Fischstäbchen!

Wo früher Fischauktionen stattfanden, haben heute *Käpt'n Iglo*, *Frosta* und *Nordsee* ihre Produktionsstätten. Am Kai liegen keine Fischerboote mehr, sondern wissenschaftliche Schiffe, Wracksucher und Vermessungsschiffe. Und wo früher die Seeleute mit ihrem Fang an Land gingen, kannst du heute in eine maritime Erlebniswelt rund um den Fisch und das Meer eintauchen: Im historischen Teil des Fischereihafens entstand ab 1990 das *Schaufenster Fischereihafen*.

19 SCHAUFENSTER FISCHEREI-HAFEN ★

Schlemmermeile, Shoppingparadies und maritimes Erlebniszentrum – das „Schaufenster" ist Bremerhavens *Place to be*, wenn's um Fisch geht. Und um Schiffe. Und um Fische, die von Schiffen aus gefischt werden. Von morgens bis abends gibt's hier jede Menge zu tun und zu erleben: Im alten *Eiswerk* wird auf Riesentrampolinen gehüpft und im *Restaurant Kai's* lecker gespeist. Das *Fischkochstudio* unterrichtete früher heiratswillige Hausfrauen am Herd, heute kann hier jeder lernen,

Stilvoller Fischgenuss im Schaufenster Fischereihafen

INSIDER-TIPP
Nachhilfe in Sachen Fisch!

wie man eine knusprige Forelle zubereitet. Die launigen Kochshows sind legendär – unbedingt teilnehmen, wenn sich die Chance bietet. Sogar ein Theater gibt es hier! Von *Fiedler's Kombüse* oder dem Kolonialwarenladen geht es zur Räucherei Franke, zum „Geschäft für Allwetterjacken" oder auf einen Kaffee zu Grete's. Auf der stillgelegten *Gera* lernst du alles, was du zum Thema Fischfang wissen möchtest. Wie wäre es danach mit einem Abendessen an Bord der *Hansa* oder bei *Natusch* ➤ S. 50? Im Sommer ist hier donnerstags bis spät in die Nacht Halligalli, bei kostenlosen Freiluftkonzerten wird der Hafen gerockt. Schneller, als du „Fisch" sagen kannst, ist dein Tag auch schon wieder vorbei, hast du wirklich alles gesehen? *schaufenster-fischereihafen.de | Bus Schaufenster Fischereihafen | E11*

Kinderchemielabor der PHÄNOMENTA

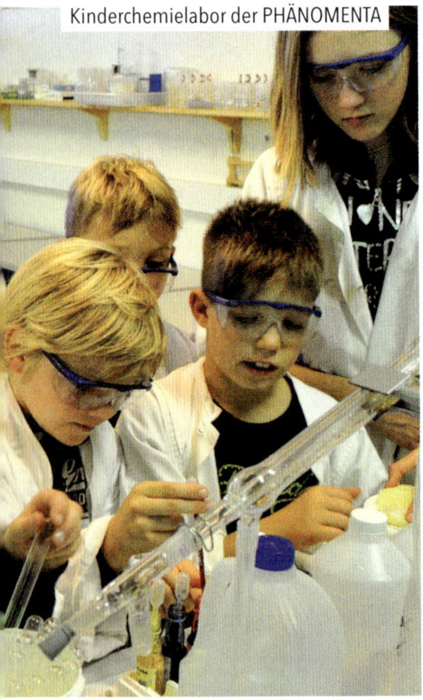

20 PHÄNOMENTA

Wie funktioniert die Welt? In der interaktiven Erlebnis- und Experimentierausstellung gehen die Forschenden von morgen dieser Frage nach. 80 Stationen laden zum Anfassen und Experimentieren ein und sorgen für unerwartete Entdeckungen. Ein Riechschrank, der „gefrorene Schatten", das Chaos-Pendel, die Kugelpyramide und eine Spiegelsäule gehören zu den Highlights der Ausstellung. Im Kinder-Chemielabor entstehen Monsterschlamm und Hautcreme, hier wird gemörsert, gewogen, gemischt und pipettiert – wie es in einem echten Labor eben üblich ist. Die Mitarbeitenden nehmen sich viel Zeit, um spannende Phänomene zu erklären, die nicht nur kleine Besucher überraschen ... Wenn Mathe, Physik und Chemie nur immer so viel Spaß machen würden! *Mi–Fr 13–18 Uhr, Sa u. So 10–18 Uhr, in den Bremer Ferien tgl. geöffnet | Eintritt Erw. 7 Euro, Kinder ab 4 J. u. Schüler 3,50 Euro, Familie 17,50 Euro, Mitmachaktionen 3 Euro | Hoebelstr. 24 | phaenomenta-bremerhaven.de | Bus Am Fischbahnhof | 2–3 Std. | D11*

21 LUNEPLATE

Das größte Naturschutzgebiet des Landes Bremen entstand erst vor wenigen Jahren als ökologische Ausgleichsfläche für Hafenbauprojekte.

Früher wurde die entwässerte ehemalige Weserinsel landwirtschaftlich genutzt. Heute ist das Gebiet ein bunt bevölkertes Habitat aus Marschgrünland, Wattflächen und dem „Tidepolder" – einem von Ebbe und Flut beeinflussten Biotop. Vögel, Enten, Wasserbüffel und Galloway-Rinder entdeckten schnell, dass es sich hier jetzt noch besser leben lässt. Dabei hat jeder seine Aufgabe: Büffel und Rinder halten die Weiden kurz und vernichten Pflanzen, die den Tausenden Vögeln, die hier für ökologische Vielfalt sorgen, auf den Magen schlagen könnten. Auf verschiedenen Rundwegen erkundest du die Landschaft zu Fuß oder mit dem Rad und entdeckst dabei mehrere gut getarnte Beobachtungsanlagen. Neben dem Aussichtsturm im Süden der Luneplate gibt es auch ein Beobachtungsversteck. Hier kannst du dich den Vögeln nähern, ohne selbst entdeckt zu werden. Fernglas mitnehmen! *Frei zugänglich | Luneplate | Bus Am Luneort | C15*

ÜBERSEE-HÄFEN

Seit 1827 ist Bremerhaven Hafenstandort, die Überseehäfen im Norden der Stadt gehören zu den größten Umschlagplätzen Deutschlands. Seit einigen Jahren nimmt auch der Kreuzfahrttourismus stetig zu. Eine Rundfahrt mit dem *HafenBus* ➤ S. 100 oder auf eigene Faust lohnt sich!

22 KREUZFAHRT-TERMINAL ★

Über 8 Mio. Emigranten brachen ab Mitte des 19. Jhs. von Bremerhaven aus in die Neue Welt auf. Wer heute hier losfährt, kommt in der Regel wieder: Das „Tor für Kreuzfahrer" passieren jährlich viele Tausend Urlauber, das *Columbus Cruise Center Bremerhaven* gehört zu den modernsten Passagierterminals weltweit. Von der Besucherplattform hast du einen fantastischen Blick auf die Kreuzfahrtriesen und kannst hautnah dabei sein, wenn ein- und ausgeschifft wird. Ein historischer Moment für die Stadt und ihre Bewohner(innen) ereignete sich hier am 1. Oktober 1958 um 9.22 Uhr, als Elvis Presley höchstpersönlich als GI der amerikanischen Armee von Bord ging. Seitdem feiern Elvis-Fans aus ganz Deutschland diesen Tag jedes Jahr aufs Neue mit einem bunten musikalischen Programm und betrachten ehrfürchtig die 700-m-Marke, auf die der King of Rock'n'Roll seinen Fuß setzte. *Zugang Besuchergalerie an Schiffabfahrtstagen 8–21 Uhr | Eintritt frei | Columbuskaje 1 (Zugang Besucherterrasse über Steubenstr. 7) | cruiseport.de | Bus ab Hbf. für Kreuzfahrgäste |* *A5*

23 CONTAINER-AUSSICHTSTURM

Der Turm hält, was der Name verspricht: Er ist aus Containern gebaut und von oben schaust du auf was? Container! Aber nicht nur: Infotafeln erklären die Hafenaussicht in allen vier Himmelsrichtungen. Auch wenn der Turm keine Riesenattraktion ist, einen kurzen Stopp ist der Blick aus 15 m Höhe auf das Gewusel im Containerhafen definitiv wert. Wenn du Glück hast, wird gerade ein großes Schiff geschleust. Bei Schmuddelwetter kann die Treppe rutschig sein. Gut festhalten! *Tgl. 8–18 Uhr | An der Nordschleuse | keine Busverbindung |* *A3*

24 CONTAINER-TERMINAL ★

Hier liegen die richtig großen Pötte! Einst als Seehafen-Filiale der Stadt Bremen gebaut, beherbergt Bremerhaven heute eines der größten Container-Terminals weltweit. Fast 5 km lang ist die Stromkaje und die Mengen, die hier umgeschlagen werden, sind schier unglaublich: Jedes Jahr werden ca. sechs Mio. (!) Container und mehr als zwei Mio. Autos verladen. Zu-

mindest die Sache mit den Autos kannst du dir beim Anblick der endlosen Fahrzeugmeere rund um den Hafen gut vorstellen. Frei zugänglich ist das Innerste des Container-Terminals nicht, und das mit gutem Grund: Wer den gut gesicherten Eingang passiert hat, trifft auf geheime Prototypen und verhüllte *Erlkönige*, muss im Verkehr mit 12 m hohen Van Carriern (riesigen Containerkränen) schwimmen und darf auf gar keinen Fall Fotos machen. Besuchen kannst du „die verbotene Stadt" rund um die Lloyd-Werft aber während einer geführten (und sehr empfehlenswerten!) Tour mit dem *HafenBus* ➤ S. 100. Auch die Glasdachschiffe *Lady Sunshine* oder *Hein Mück* fahren vom Neuen Hafen aus zum Container-Terminal. Für welche Perspektive du dich auch entscheidest: Wenn du dich nur ein bisschen für Logistik und Handel interessierst, gehört dieser zu den Orten, die du auf jeden Fall besucht haben solltest! Auch mit dem eigenen Auto oder dem Fahrrad lohnt sich ein Abstecher: Zu sehen gibt es hier immer etwas und auch ein Besuch im *Treffpunkt Kaiserhafen* ➤ S. 50 gehört in jedem Fall auf deine Bremerhaven-Agenda. *🕮 0*

25 MUSEUM DER 50ER JAHRE

Wie war das damals in den 1950er-Jahren zwischen Wirtschaftswunder, Petticoat und Elvis-Musik? Jede Menge Alltagsexponate, Designklassiker, ganze Wohnensembles, ein Hutge-

Rund sechs Millionen Container werden in Bremerhaven pro Jahr umgeschlagen

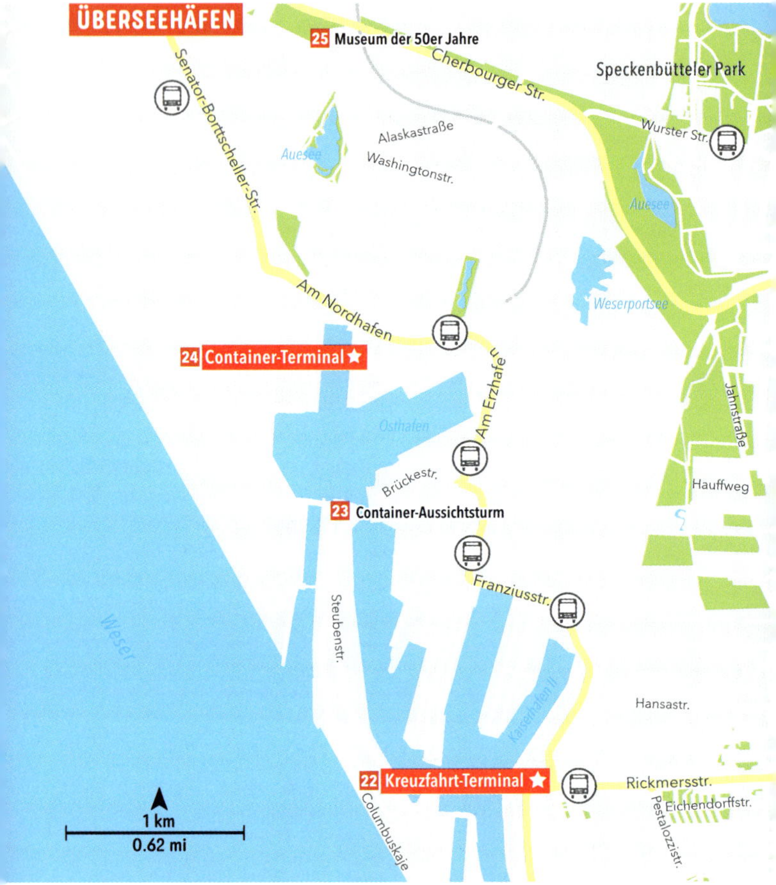

schäft und ein Tante-Emma-Laden sowie eine original erhaltene Bremerhavener Wirtschaft erwecken die Nachkriegszeit zum Leben. Charmant: Das Museum befindet sich in einer kleinen Kirche. Let the good times roll! *Apr.–Okt. So 11–17 Uhr | Eintritt 5 Euro, bis 10 J. frei | Amerikaring 9 | museum-der-50er-jahre.de | Bus Überseering | 1 Std. | 0*

AUSSERDEM SEHENSWERT

26 LALE-ANDERSEN-LATERNE

Mit dem Lied „Lili Marleen" sang sich die aus Bremerhaven stammende Sängerin Lale Andersen in die Herzen von Soldaten auf der ganzen Welt. Der

Klassiker, in dem sich ein Soldat nach seiner Liebsten sehnt und diese in Gedanken, romantisch an der Laterne stehend, trifft („wie einst Lili Marleen"), gehört zu den bekanntesten deutschsprachigen Liedern überhaupt. Als Hommage an Sängerin und Lied wurde eine Straßenlaterne von der Bundesmarine in Bremerhaven restauriert und 1981 in der Linzer Straße aufgestellt. 2015 zog sie um in die Lutherstraße/Ecke Hafenstraße, wo sie noch heute zu sehen ist. Dranstellen, Foto machen! Verheiratet war Lale Andersen übrigens (u. a.) mit dem aus Bremerhaven stammenden Landschaftsmaler Paul-Ernst Wilke ➤ S. 32.
Lutherstr./Hafenstr. | Bus Ernst-Reuter-Platz | Lehe | E5

27 GESUNDHEITSPARK SPECKENBÜTTEL

Genug von Sehenswürdigkeiten und städtischem Trubel? Dann ab ins Grüne! Bremerhavens zweitgrößter öffentlicher Park liegt im Norden der Stadt und bietet ein Erlebnis für alle Sinne: Vom romantisch anmutenden Weidenschloss geht es in den *Gesundheitspark* zur *Allee der heilenden Bäume*, über den Barfußpfad zu Fitnessparcours, Boule-Bahn und in den Rosengarten. Auf den Rasenflächen wird gepicknickt, Kinder erobern den Drachenspielplatz und auf dem Bootsteich wird, logisch, Tret- und Ruderboot gefahren! Sehenswert ist das Parktor von 1896. Das *Volkskundliche Freilichtmuseum* zeigt, wie sich das bäuerliche Leben in der Region in früheren Zeiten gestaltete: Zu besichtigen gibt es eine originalgetreu aufgebaute Geesthofanlage, das „Marschenhaus" und eine Bockwindmühle. Wenn irgendwann der Hunger kommt, ziehst du weiter in den Grillbereich oder zum *Haus am See* ➤ S. 66.
Park frei zugänglich, Freilichtmuseum: Apr.–Sep. Di–So, 14–18 Uhr | Eintritt Erw. 2, bis 14 J. 1 Euro | Parkstr./Wurster Str. | bauernhausmuseum-bremerhaven.de | Bus Parktor | Lehe | E1

28 THIELES GARTEN

Wenn in Bremerhaven ein Ort die Bezeichnung Kleinod verdient, dann dieser. Dabei ist Thieles Garten mit seinen 19 000 m² schon eher ein Großod! Der Garten wurde vor fast 100 Jahren angelegt und ist eine Oase, wie du sie mitten im Stadtteil Leherheide wohl kaum erwartet hättest: Gepflegte Wege, Teiche, exotische Pflanzen und allerlei Skulpturen laden zum Lustwandeln ein. Kunst oder Kitsch? Du entscheidest. Die Geschichte des Gartens ist wechselhaft: Von den Gebrüdern Thiele als eskapistische Traumwelt angelegt, zog er in den 1950er- und 1960er-Jahren viele Besucher an. Später geriet er in Vergessenheit, wurde schließlich als Bauland ausgeschrieben und 1985 quasi in letzter Minute von der Stadt erworben, gerettet und restauriert. Heute kümmert sich ein Förderverein um die Pflege der Anlage. Im Sommer werden regelmäßig Kulturveranstaltungen und Gartenführungen angeboten.
Feb.–Dez. Di–So ab 10 Uhr bis zur Dunkelheit, im Sommer bis 20 Uhr | Eintritt frei | Mecklenburger Weg 100 | thieles-garten.de | Bus Kurt-Schumacher-Straße | Leherheide | 0

ESSEN & TRINKEN

In Bremerhaven gibt es zwei Arten von Restaurants: die, die Fisch servieren und die, die Fisch und anderes servieren. Aber Ausnahmen bestätigen die Regel und so gehören auch internationale Küchen und tolle (Eis-)Cafés zum Stadtbild.

Die Bremerhavener können bei jedem Wetter den Tag mit einem Lächeln bestreiten. Ein Grund dafür ist bestimmt die hervorragende Küche der Seestadt. Frischeren Fisch gibt es kaum – davon überzeugen kannst du dich in den vielen maritimen Restaurants. Eine herzerwärmende Fischsuppe bei *Gern ans Meer*, frische Seezunge bei

Urige Atmosphäre trifft auf exquisite Küche: Fischerstübchen im Natusch

Natusch oder Limandesfilet im *Wulsdorfer Buernhus* und der Tag kann nicht schiefgehen. Im *Schaufenster Fischereihafen* wird dem Fisch gehuldigt. Ob du zum Mittagssnack bei *Fiedler* reinschaust oder auf dem *MS Hansa* dinierst – raus gehst du satt und glücklich. Mitten im Unterwasserdschungel findet sich dann aber doch die eine oder andere Perle aus internationalen Gewässern; Burger, Pizza und Döner sind natürlich auch schon da. Und dann gibt's da noch „Die letzte Kneipe vor New York" … Allerdings solltest du erst einmal in Bremerhaven bleiben, alles andere wäre zu schade!

WO BREMERHAVEN ISST

MARCO POLO HIGHLIGHTS

★ **CAKES & BOWLS**
Der beste Cheesecake weit und breit, schnell sein lohnt sich ➤ S. 48

★ **GELATERIA COCCATO**
Gelato von Coccato, gleich fünfmal in der Stadt! ➤ S. 48

★ **FIEDLER**
Von Fischbrötchen bis Jakobsmuschel, hier bist du in guten Händen ➤ S. 49

★ **NATUSCH**
Der feinste Fisch im Fischereihafen ➤ S. 50

★ **PIER 6**
Edel speisen mit Hafenflair ➤ S. 50

★ **SALONDAMPFER HANSA**
Fisch auf Schiff – das Restaurantschiff lädt ein ➤ S. 50

★ **TREFFPUNKT KAISERHAFEN**
„Die letzte Kneipe vor New York" ist Kult ➤ S. 50

★ **B-BURGER BAR**
Wenn's mal kein Fisch sein soll, Burger geht immer! ➤ S. 52

★ **MULBERRY ST**
„Casual Fine Dining" im Hotel THE LIBERTY ➤ S. 53

HAVENWELTEN

Päuschen vom Sightseeing oder stilvoll dinieren – Ausblick garantiert!

Treffpunkt Kaiserhafen ★
Cakes & Bowls ★
Neuer Hafen
PIER 6 ★
Mulberry St ★
Gelateria Coccato ★
Lloydstr.
Lloydstr./ VHS
Hafenstr.
B212
Geeste
Stresemann-straße
Elbestr.
Rheinstraße
MITTE
Kunterbunt und international schlemmen
Deichstr.
B-Burger Bar ★
Hochschule Bremerhaven/ Stadttheater
Ludwigstr.
Borriesstr.
Elbinger Platz
Rheinstraße
Fr. Ebert-Str.
Bussestr.
Bismarckstraße
GEESTE-MÜNDE
Handelshafen
BREMEN
Schleusenhafen
An der Mühle
Georgstr.
Schillerstraße
Georg-Seebeck-Str.
FISCHEREIHAFEN
Der kulinarische Ankerpunkt in Sachen Fisch
Am Seedeich
Salondampfer HANSA ★
Am Fischbahnhof
Natusch ★
Fiedler ★
Geestemünde-Süd
Am Lunedeich
400 m
437 yd

CAFÉS & EIS

1 CAKES & BOWLS ★

Handarbeit steht in diesem Caféchen für Qualität. Wenn du den exzellenten Cheesecake probieren willst, halte dich ran: Pro Tag gibt's nur 80 Kuchenstücke! *Di–Sa 12–18.30, So 12–18 Uhr | Bürgermeister-Smidt-Str. 148 | Tel. 0179 4 50 89 21 | foodartbremerhaven-cakes-bowls.business.site | Bus Martin-Donandt-Platz | € | Mitte | b1*

2 GELATERIA COCCATO ★

Das beste Eis gibt's fünf Mal in der Stadt! Die Hauptfiliale *Villa* zaubert dir im Mein Outlet & Shopping-Center leckere Eiskreationen in deinen Becher, in die Waffel oder auf den Crêpe. Die Bremerhavener schwören drauf und deshalb hat Familie Coccato in Sachen Gelato die Nase vorn. *Mo–Fr 9–20.30, Sa 9–19.45, So 11–20 Uhr | Am Längengrad 12 | Tel. 0471 41 26 27 | coccato.de | Bus Gr. Kirche | €€ | Mitte | b3*

WOHIN ZUERST?

Dein Tag startet (Uhrzeit fast egal!) mit einem Frühstück bei **Lieblingsplatz**. Wenn es noch nicht zu spät ist für ein Mittagessen, geht es zum Fischereihafen, wo du spontan entscheiden kannst, welches der vielen Fischlokale dir zusagt. Zu Kaffee und Kuchen schaust du bei **Cakes & Bowls** in der Innenstadt vorbei, bevor du den Tag am Überseehafen im **Treffpunkt Kaiserhafen** beendest.

3 GRETE'S – CAFÉ AM KAI

Kaffee schlürfen und Schiffe gucken: Bei *Grete's* gibt's leckere Backwaren und vegetarische Gerichte (Empfehlung: Burger!), hergestellt aus Biozutaten und ganz viel Liebe. Wer ein Herz für Kunst hat, bestaunt die hauseigene Galerie. *Fr–So 12–18 Uhr | Fischkai 57 | Tel. 0471 6 21 13 | gretes-cafe-am-kai-cafe.business.site | Bus am Schaufenster/Gera | € | Fischereihafen | D11*

4 KATIE'S CAFÉ AM DEICH

Der Himmel für Naschkatzen und Schleckermäuler. Bei der großen Auswahl an Gebäck, Kuchen und Torten kann es passieren, dass du den Gürtel eine Schnalle lockerer stellen musst. *Mi–So 12–18 Uhr | Lohmannstr. 32 b | Tel. 0471 41 88 55 83 | katiespastry.com | Bus Neuer Hafen | € | Havenwelten | a1*

5 LIEBLINGSPLATZ

Wenn du morgens spät aus dem Bett kommst – Frühstück gibt's hier den ganzen Tag! Von Eggs Benedict über fluffige Pancakes bis hin zu köstlichen Brotvariationen, so kann der Tag (oder Abend) starten. *Do–So 9–17 Uhr | Schleusenstr. 24 | Tel. 0471 41 88 67 95 | lieblingsplatz-bremerhaven.de | Bus Schleusenstraße | € | Mitte | C6*

6 PETIT FOUR

Ein „kleines Stückchen" Kuchen oder gleich ein ganzes Frühstück mit Rührei und selbst gemachten Aufstrichen? Alles hervorragend! Wer sonntags frühstücken will, sollte reservieren. *Di–*

Ein leckeres Fischbrötchen geht immer!

So 10–17 Uhr | Prager Str. 85 | Tel. 0471 3 09 93 91 | petitfour.cafelists.com | Bus Bürgermeister-Smidt-Straße | € | Mitte | c2

7 ZUCKERKUTTER

Woran denkst du, wenn du Bremerhaven hörst? Schiffe und Wasser! Ein schwimmendes Eiscafé ist also eine hervorragende Idee. Auf einem alten Kutter servieren die Inhaber leckere Eisspezialitäten sowie heiße Waffeln. *Tgl. 11–18 Uhr | Hermann-Henrich-Meier-Str. | Facebook: Eiscafé-Zuckerkutter | Bus Havenwelten | €€ | Mitte | b2*

AUS DEM MEER

8 FIEDLER ★

Die Räucherei Fiedler ➤ S. 60 bietet dir gleich mehrere Möglichkeiten, dich zu laben: Mittags sorgen Fischbrötchen und einfache Gerichte bei *Fiedlers Fischmarkt anno 1906* für neue Energie, im angrenzenden *Restaurant Fiedler* werden auch abends feinste Filetstücke auf den Teller gezaubert. Reservierung erbeten! *Fischmarkt Mo–Mi, So 10–17, Do u. Fr 9–18, Sa 9–17 Uhr; Restaurant: Mo u. Mi–So 11.30–21 Uhr | An der Packhalle IV 7 | Tel. 0471 9 32 23 50 | restaurant-fiedler.de | Bus Am Schaufenster/Gera | €€ | Fischereihafen | E12*

9 FISCHBRATKÜCHE HÖPKER

Wer hungrig kommt, macht alles richtig! Die beste Fischbratküche des Planeten – wie einige Bremerhavener behaupten – serviert riesige Portionen. Mittagessen ahoi! *Mo–Fr 11–18.15, Sa 11–14.30 Uhr | Bismarckstr. 34 | Tel. 0471 2 17 43 | fischbratkuechehoepker.eatbu.com | Bahn/Bus Bremerhaven Hbf. | €€ | Gestemünde | E9*

10 GERN' ANS MEER

Wer es unkompliziert mag, geht „Gern' ans Meer"! Eine klassische Fischsuppe wärmt an stürmischen Tagen den Bauch und rund ums Jahr die Herzen. *Mo–Fr 9–17, Sa 9–16 Uhr | Am Fischbahnhof 12 | Tel. 0471 95 10 91 80 | gern-ans-meer.de | Bus Lengstraße | € | Fischereihafen | D12*

11 NATUSCH ★

Wenn sich jemand mit exquisitem Fisch auskennt, dann die Familie Natusch. Mittags und abends genießt du frische Seezunge, Steinbutt, Seeteufel, Lachs, Rotbarsch oder was auch immer der Küchenchef zubereitet. Jeden ersten Freitag im Monat kannst du dich am skandinavischen Buffet durchprobieren. Vorher reservieren! *Mi–So 11.45–15 u. 17.30–22 Uhr | Am Fischbahnhof 1 | Tel. 0471 7 10 21 22 | natusch.de | Bus Lengstraße | €€€ | Fischereihafen | D11*

INSIDER-TIPP
Fisch-Flatrate!

12 PIER 6 ★

„Meer als gutes Essen" verspricht das schicke Restaurant am Neuen Hafen: von der kreativen Präsentation auf dem Teller über die Weinkarte und den Service bis zum Hafenblick ist hier alles vom Feinsten! Neben Fischgerichten und Leckerem vom eigenen Duroc-Schwein steht auch öfter Fränkisches auf der Karte – eine Reminiszenz des Inhabers an seine Heimat. *Mo–Sa 11.30–15 u. 17.30–22.30 Uhr | Barkhausenstr. 6 | Tel. 0471 48 36 40 80 | pier6.de | Bus Havenwelten | €€€ | Havenwelten | b1*

13 SALONDAMPFER HANSA ★

Ahoi Matrosen, willkommen an Bord! Das Restaurantschiff lädt ein zur großen Show auf deinem Teller. Die Stewardessen und Stewards nehmen sich deines sorgenfreien Aufenthalts an. *Di–So 12–23 Uhr | Fischkai 1 | Tel. 0471 4 98 01 | salondampfer-hansa.de | Bus Am Schaufenster/Gera | €€ | Fischereihafen | D11*

14 SCHMIDT'S WULSDORFER BUERNHUS

50/50 teilt sich die Speisekarte in aromatische Fisch- und zarte Fleischgerichte. Besonders lecker und in aller Munde ist das Limandesfilet mit Orangen-Madagaskarpfeffer-Butter. *Di–So 11.30–14.30 u. 17.30–22.30 Uhr | Bremer Str. 15 | Tel. 0471 96 90 77 88 | wulsdorfer-buernhus.de | Bus Vieländer Weg | €€ | Wulsdorf | F15*

15 STROM

Das Restaurant im ATLANTIC Hotel Sail City ➤ S. 88 punktet mit saisonal wechselnden Menüs und dem besten Weserblick der Stadt. Bestellt wird nach Gusto oder Klimagewissen – die Karte weist den CO_2-Fußabdruck der Speisen aus. Alle Gerichte können auch einzeln bestellt werden. *Tgl. 18–23 Uhr | Am Strom 1 | Tel. 0471 30 99 05 33 | atlantic-hotels.de/hotel-sail-city-bremerhaven/restaurant-strom | Bus Havenwelten | €€€ | Havenwelten | b3*

16 TREFFPUNKT KAISERHAFEN ★

Die letzte Kneipe vor New York! Vom Überseehafen starten Seeleute in die

Unsere Empfehlung heute

Auf die Schnelle

FISCHBRÖTCHEN
Weizenbrötchen mit Bismarckhering, Salzgurken, Salat und Zwiebeln

BREMERHAVENER FISCHSUPPE
Gemüsebrühe mit Fischfilet (verschiedene Arten), Krabben und Wurzelgemüse

BREMER KNIPP
Grützwurst, serviert mit warmem Körnerbrot und sauren Gürkchen

Hauptgerichte

LABSKAUS
Kartoffelgericht mit Corned Beef, Roter Bete, Rollmops und Spiegeleiern

GRÜNKOHL UND PINKEL
Gekochter Grünkohl mit Grützwurst und Salzkartoffeln, dazu Senf

BACKFISCH VOM ROTBARSCH
serviert mit Remoulade, dazu Pellkartoffeln

GEBRATENE SCHOLLE
Knusprig gebratener Edelfisch mit Zitronenpfeffer, dazu Wurzelgemüse und hausgemachte Bandnudeln

BREMERHAVENER BÜFFELBURGER
Bremerhavener Wasserbüffel-Burger mit Süßkartoffel-Pommes und Trüffel-Mayonnaise

Desserts

APFELTRAUM
Schichtdessert im Glas mit Apfel, Löffelbiskuit und Mascarpone

ROTE GRÜTZE
Süßspeise von roten Beeren, dazu Vanillesoße

GRÜNER WACKELPUDDING
Gelierte Süßspeise mit Waldmeister, dazu Vanillesoße

Alkoholisches

SEUTE DEERN – DAS BREMERHAVEN-BIER
Malziges Rotbier, produziert im Auftrag des Klimahauses

ALTLEHER HAHNENTRITT
Hochprozentiger Kräuterlikör aus Beeren sowie heimischen Kräutern

LAKRITZLIKÖR
Typisch nordisch mit 20 Vol.-% vom Fass

ganze Welt, hier lassen sie es sich gut gehen. Auf der Karte stehen (natürlich) allerlei Fischgerichte, aber auch andere Leckereien. Wenn du schon immer mal Labskaus probieren wolltest, ergreife jetzt die Gelegenheit, hier schmeckt's besonders gut. Der Ausflug zum Überseehafen lohnt sich auch wegen der Deko, die Seeleute aus aller Welt mitgebracht haben. Bester Platz: am Aquarium! *Mo–So 12–15 u. 18–22 Uhr | Franziusstr. 92 | Tel. 0471 42219 | treffpunktkaiserhafen.de | Bus Lloyd-Werft | €€ | Stadtbremisches Überseehafengebiet | B3*

INSIDER-TIPP
Nordisch by nature!

17 DER WASSERSCHOUT

Ein Restaurant wie Bremerhaven: unkompliziert, bodenständig, wasserverbunden. Du speist im alten Hafenwärterhaus, auf der Karte stehen Bremer Knipp, Rotbarsch, Limandes, Rumpsteak, Currywurst, Fischstäbchen … *Di–Fr ab 15, Sa–So ab 12 Uhr | Van-Ronzelen-Str. 4 | wasserschout-bremerhaven.de | Bus Deutsches Schifffahrtsmuseum | €€ | Havenwelten | c4*

RUND UM DIE WELT

18 B-BURGER BAR ★

Die Number One, wenn's um Burger geht. Neben selbst gemachten Pattys, fluffigen Buns sowie krossen Sweet Fries warten frische Salate, heiße Hotdogs und fancy Cocktails. Vegan oder vegetarisch? No Problem! *Tgl. ab 12 Uhr | Theodor-Heuss-Platz 10 | Tel. 0471 80995696 | b-burger-bar.de | Bus Hochschule/Stadttheater | €€ | Mitte | c3*

19 CASPAR DAVID & CO.

Der Maler Caspar David Friedrich war wohl nicht für seine Kochkünste bekannt, aber er hatte bestimmt eine Vorliebe für gutes Essen. Den Namen hat das Restaurant mit bunter Karte

Grenzenlos schlemmen in Bremerhaven

von der unmittelbaren Nähe zur Kunsthalle. Zu zweit unbedingt die Tapasplatte bestellen! *Mo–Sa ab 11.30 Uhr | Karlsburg 4 | Tel. 0471 4 62 08 | caspardavid.co | Bus Hochschule/Stadttheater | €€ | Mitte | c3*

20 COOK THIS WAY

Vietnamesische Gastfreundschaft in Bremerhaven: Hier sitzt du gemütlich an Holzmöbeln und hast (während der Öffnungszeiten) alle Zeit der Welt, um dich quer durch die Karte zu schlemmen. Frisch und lecker! *Di–Fr 11–14.30 u. 17–22, Sa–So 12–22 Uhr | Georgstr. 84 | Tel. 0471 41 85 58 54 | cook-this-way.eatbu.com | Bus An der Mühle | €€ | Geestendorf | E10*

21 KAIS RESTAURANT

... im *Alten Eiswerk* ➤ S. 10. Von Salat über Süßkartoffelwaffeln bis zum Cheesecake, es schmeckt! Vom Trampolinspringen nach dem Essen wird jedoch abgeraten ... *Di–Do 9.30–22, Fr–Sa 9.30–23, So 9.30–21 Uhr | Herwigstr. 24 | Tel. 0471 93 14 96 04 | alteseiswerk.de/kais | Bus Thünen-Institut | €€ | Fischereihafen | D11*

22 MULBERRY ST ★

Eine kulinarische Vielfalt wie auf der Mulberry Street in New York – ganz ohne Jetlag auf deinem Teller in Bremerhaven. Das Restaurant im Luxushotel *THE LIBERTY* ➤ S. 89 bietet dir ein Geschmackserlebnis nach dem ganzheitlichen „Low-Waste"-Konzept. *Mo–Sa 18–22 Uhr | Columbusstr. 67 | Tel. 0471 90 22 40 | www.liberty-bremerhaven.com | Bus Havenwelten | €€€ | Mitte | b2*

23 MAMMA MIA

Pizza und Pasta, fast so gut wie in Bella Roma. In rustikalem authentischem Ambiente schlürfst du deine Carbonara wie Susi und Strolch. Bloß keinen Löffel benutzen! *Mi–So 17–0 u. So 12–14.30 u. 17–0 Uhr | Bremerhavener Str. 20 | Tel. 0471 41 17 66 | Facebook: Mamma Mia | Bus Am Leher Tor | €€ | Mitte | D6*

24 WEINROT

Das edle À-la-carte-Restaurant im Hotel Haverkamp ➤ S. 88 bietet sinnliche mediterrane und nordisch angehauchte Genusserlebnisse für Augen, Gaumen, Nase und Zunge. In den weinroten Sesseln lässt es sich nach dem Essen vorzüglich bei einem Glas Merlot versinken. Abends gibt's auch leckere Pizza aus dem Steinofen! *Tgl. 12–14 u. 18–22 Uhr | €€–€€€ | c2*

AUF DIE HAND

25 BERLIN DÖNER

Etwa 450 km liegen zwischen Berlin und Bremerhaven: Doch der typische Berliner Döner hat sich dauerhaft im Herzen der Stadt eingemietet. *Mo–Sa 11–21, So 12–21 Uhr | Voßstr. 21 | Tel. 0471 30 83 66 40 | Bus Voßstraße | € | Geestemünde | F10*

26 KLIBFISCH BACKFISCH

Das kleine Restaurantschiff liegt zwischen Auswandererhaus, Zoo und Tourist-Info – perfekt für einen Mittagssnack. *Mitte März–Ende Okt. Mo–So 11.30–18 Uhr | H.-H.-Meier-Str. | Tel. 0171 3 81 87 03 | klibfisch.de | Bus Havenwelten | €€ | Mitte | b2*

SHOPPEN & STÖBERN

Von großen Malls über maritime Manufakturen bis zu ausgefallenen Souvenirshops – in Bremerhaven gibt es jede Menge zu entdecken. Hast du noch Platz im Koffer?

In der *Bürger* (von Bürgermeister-Smidt-Straße) tummeln sich die Einkaufsmöglichkeiten wie Fische ums Futter: Große Marken und kleine Einzelhändler freuen sich über neue Kunden. Letztere sind meist gerne für ein Schwätzchen zu haben – auch an der Ladentheke lernt man eine Stadt kennen! Weniger, dafür eine besonders feine Auswahl kleiner Geschäfte findest du weiter nördlich, in der *Alten*

Gut gelaunt zum Shopping – bei Wind und Wetter!

Bürger. Im Fischereihafen dreht sich alles ums Wasser: Räucherfisch, eine neue Regenjacke und teils kuriose Mitbringsel finden hier den Weg in deinen neu erworbenen Bremerhaven-Jutebeutel. Perfekt für Regentage: In Bremerhaven shoppst du trockenen Fußes! Vom *Columbus Shopping Center* führt eine gläserne Brücke hinüber in die *Havenwelten*, direkt zum *Mein Outlet & Shopping-Center*. In der schicken Einkaufsoase gibt's das Urlaubsfeeling inklusive! In Bremerhaven ticken die Uhren gemütlich und so geht es auch beim Shopping entspannt zu. Lass dich einfach treiben!

WO BREMERHAVEN SHOPPT

MARCO POLO HIGHLIGHTS

★ **COLUMBUS SHOPPING CENTER**
Hier wird jeder fündig – seit 1978!
➤ S. 58

★ **MEIN OUTLET & SHOPPING-CENTER**
Wohlfühlshopping für Schnäppchenjäger und Schatzsucher ➤ S. 58

★ **FISCHRÄUCHEREI FRANKE**
Franke räuchert frische Fische, frische Fische räuchert Franke! ➤ S. 58

★ **KAFFEEWERKSTATT BOHNENGOLD**
Die beste Crema weit und breit zum Mitnehmen ➤ S. 58

★ **FIEDLERS KOLONIALWARENLADEN ANNO 1906**
Auch ohne etwas zu brauchen, gehst du hier nicht mit leeren Händen ➤ S. 60

★ **GLÜCKSWINKEL**
Glück kann man doch kaufen, und zwar ganz ohne Verpackung! ➤ S. 60

★ **WATERKANT**
Bremerhaven in den Koffer packen, Mitbringsel-Alarm! ➤ S. 61

MALL-(S)HOPPING
Trockenen Fußes vom Columbus-Center zum Mein Outlet & Shopping-Center

B212
Glückswinkel ★
Hafenstr.
Neuer Hafen
Stresemann-straße
Geeste
Lloydstr.
Lloydstr./ VHS
Waterkant ★
Havenwelten
DIE BÜRGER
Große Marken, kleine Marken, in der Fußgängerzone gibt's fast alles!
Deichstr.
Columbus Shopping Center ★
Mein Outlet & Shopping-Center ★
Hochschule Bremerhaven/ Stadttheater
Dt. Schifffahrtsmuseum/ Stadttheater
Ludwigstr.
Borriesstr.
Elbinger Platz
Rheinstraße
Fr. Ebert-Str.
Bussestr.
Bismarckstraße
GEESTE-MÜNDE
Handelshafen
An der Mühle
Georgstr.
Schillerstraße
BREMEN
Schleusen-hafen
Georg-Seebeck-Str.
FISCHEREIHAFEN
Allwetterjacken, Souvenirs und Fisch to go – das alles gibt es hier!
Fischräucherei Franke ★
Am Fischbahnhof
Fiedlers Kolonialwaren-laden Anno 1906 ★
Kaffeewerkstatt Bohnengold ★
Am Lunedeich
400 m
437 yd

GUT ANGEZOGEN

1 ALLWETTERBEKLEIDUNG HEIN MÜCK

Rundum ausgestattet: Von Kindergröße 68 bis (Erwachsenen-) 14 XL findest du hier das perfekte Outfit für Sonne, Wind und Regen. Der nächste Wetterumschwung kann also kommen! *Mo–Sa 10–16 Uhr | An der Packhalle IV, Nr. 1 | schaufenster-fischereihafen.de | Bus Am Schaufenster/Gera | Fischereihafen | E11*

2 COLUMBUS SHOPPING CENTER ★

Der Klassiker in Sachen Shopping-Mall in Bremerhaven verbindet die Havenwelten mit der Fußgängerzone. Das Center ist zwar schon etwas in die Jahre gekommen, bietet aber immer noch jede Menge attraktive Läden und tolle Restaurants mit traumhaftem Blick aufs Wasser. *Mo–Sa 9.30–19 Uhr | Obere Bürger 127 | columbus-center.de | Bus Große Kirche | Mitte | b3*

WOHIN ZUERST?

Dicht an dicht reihen sich die Geschäfte in der Fußgängerzone (bremerhavenerisch: „Bürger"). Beim entspannten Schlendern erreichst du die beiden Shoppingcenter *Mein Outlet* und *Columbus*, die (fast) alles haben, wonach du suchst. Weiter raus „schwimmst" du zum *Schaufenster Fischereihafen*. Ob Souvenir oder frischer Fisch – mehr Bremerhaven geht nicht.

3 MEIN OUTLET & SHOPPING-CENTER ★

Tolle Schnäppchen, ein Hauch von Luxus und ganz viel Urlaubsfeeling: Das maritim gestaltete Shoppingcenter ist der neueste Wurf in Sachen Einkaufserlebnis in Bremerhaven. 40 attraktive Läden sowie jede Menge Gastronomie warten auf dich und dein Portemonnaie. So richtig weit aufmachen musst du Letzteres aber gar nicht, hier shoppst du größtenteils zu Outlet-Preisen! *Mo–Sa 10–19 Uhr | Am Längengrad 12 | mein-outlet-shopping.de | Bus Havenwelten | Mitte | b3*

F(R)ISCH & LECKER

4 FISCHRÄUCHEREI FRANKE ★

Der beste Fisch und Grilltipps vom Profi: Seit 100 Jahren wird in den alten Öfen über feinstem Buchenholz geräuchert. Profis kaufen direkt eine ganze Kiste gemischten Räucherfisch. Samstags ist hier die Hölle los! *Mo–Fr 8–16, Sa 8–13 Uhr | Am Pumpwerk 2 | fisch-franke.de | Bus Am Schaufenster/Gera | Fischereihafen | E12*

INSIDER-TIPP **Kühlschrank erforderlich!**

5 KAFFEEWERKSTATT BOHNENGOLD ★

Kaffee ist deine Leidenschaft? Dann gehört ein Besuch in der Kaffeewerkstatt zum Pflichtprogramm. In der kleinen Manufaktur werden die Bohnen mit Leidenschaft und Expertise auf den Punkt geröstet. *Mo u. Do 11–16 Uhr | Am Lunedeich 15-23 | kaffee*

Nomen est omen: Feinstes gibt's hier „Vom Fass"

werkstatt-bohnengold.de | Bus Heringstraße | Fischereihafen | D12

6 VOM FASS

„Sehen, probieren, genießen" ist das Motto in diesem Feinkostladen, der vor allem Flüssiges bereithält. Feine Weine, exquisite Spirituosen, Essig und Öle, Pralinen, Pesto und allerlei „Verschenktaugliches" findest du mitten in der Fußgängerzone. Wer kauft, tut Gutes: Das Franchisesystem *Vom Fass* unterstützt mehrere soziale Projekte, die Themen Fair Trade und nachhaltige Produktion werden großgeschrieben. *Mo–Fr 10–18, Sa 10–14 Uhr | Bürgermeister-Smidt-Str. 13 | vomfass.de/bremerhaven | Bus Große Kirche | Mitte | c3*

DIES & DAS

7 ABSOLUT SCHÖN

Wahre Schönheit kommt von innen. Das weiß auch Christiane Lampert, die ihren Laden mit ausgewählten Kosmetikmarken und -produkten zu einem Wohlfühl-Tempelchen ausgebaut hat. 100 % Naturkosmetik stehen für den achtsamen Umgang mit Natur, Tier- und Umwelt. *Mo–Fr 10–18, Sa 10–16 Uhr | Obere Bürger 105 b | absolut-schoen.com | Bus Deutsches Schifffahrtsmuseum oder Große Kirche | Mitte | c3*

8 DEUTSCHES AUSWANDERERHAUS MUSEUMSSHOP

Willst du ein Stück Geschichte mit nach Hause nehmen oder noch mehr über das Leben und die Schicksale der Auswanderer erfahren? Dann mach nach deinem Museumsbesuch einen Abstecher in den Shop des Deutschen Auswandererhauses ➤ S. 26. *Tgl. 10–18 Uhr | Columbusstr. 65 | dah-bremerhaven.de | Bus Havenwelten | Mitte | b2*

9 FIEDLERS KOLONIALWAREN-LADEN ANNO 1906 ★
Der Laden für dein ultimatives Bremerhaven-Mitbringsel. Hier findest du (fast) alles: von exotischen Gewürzen, handgemachten Torten über seltene Teesorten bis hin zu anderen Kuriositäten. Kaffee und Kuchen gibt's auch. *Apr.–Okt. Mo–So 10–17, Nov.–März Di–So 10–17 Uhr | An der Packhalle IV, Nr. 34 | schaufenster-fischereihafen.de | Bus Am Schaufenster/Gera | Fischereihafen | E12*

10 FILZBLAU
Das kleine Atelier verkauft alles, was mit Filz zu tun hat: Filzkörbe, Filzhüte, Filzhausschuhe … Wenn du dich traust (und gerade einer angeboten wird), kannst du an einem Filzkurs teilnehmen und deine ganz eigene Filzkreation erschaffen. Ein Hoch auf Filz! *Öffnungszeiten und Kursplan s. Website | Lindenallee 66 | filzblau.de | Bus Poggenbruchstraße | Wulsdorf | G15*

INSIDER-TIPP
Flott filzen lernen

11 GLÜCKSWINKEL ★
Glück kannst du zwar nicht kaufen, doch in dem süßen Unverpackt-Laden findest du bestimmt einen Glücksbringer. Neben erlesenen Lebensmitteln gibt's hier so einiges, was dir im Haushalt helfen könnte. *Di–Fr 10–19, Sa 10–15 Uhr | Bürgermeister-Smidt-Str. 196 | deinglueckswinkel.de | Bus Schleusenstraße | Mitte | C6*

12 KLIMAHAUS SHOP 8° OST
Nach deinem Besuch im Klimahaus ➤ S. 30 solltest du unbedingt im Mu-

Souvenir gesucht? Fiedlers Kolonialwarenladen anno 1906

seumsshop vorbeischauen. Geachtet wird hier vor allem auf die Nachhaltigkeit der Produkte. Von der hauseigenen Bekleidungskollektion bis zu witzigen Souvenirs: Fair Trade und regional! *Mo–So 11–19 Uhr | Am Längengrad 8 | klimahaus-bremerhaven.de | Bus Havenwelten | Mitte | b2*

13 LÄDCHEN – HOLZ UND MEHR

Ein Herz für Holzköpfe! Vom hölzernen Kochlöffel bis zu handgefertigten Holzmöbeln findest du hier jede Menge Schönheiten und beim Anblick der kunstvollen Schnitzereien wollte schon so mancher plötzlich im Blockhaus wohnen. *Mo, Di, Do 8–16, Mi 8–15, Fr 8–13 Uhr | Heinrich-Brauns-Str. 7 | Bus Kurt-Schumacher-Straße | Leherheide | 0*

14 MARITIME MANUFAKTUR

Aus recycelten maritimen Materialien entstehen hier in liebevoller Handarbeit Dekoartikel, Taschen oder Pullis. Der perfekte Ort für hochwertige Mitbringsel und nordische Glücksgefühle. *Do–Fr 9–17 Uhr | Hafenstr. 94 | www.bremerhavens-segelmacher.de | Bus Ernst-Reuter-Platz | Lehe | E6*

INSIDER-TIPP
Den Urlaub verlängern

15 TOURIST INFORMATION

Buchungsmöglichkeiten für Tickets und Unterkünfte sowie eine große Auswahl an Bremerhaven-Souvenirs und natürlich lokale Insider-Tipps ohne Ende bieten die beiden Standorte der Tourist Information ➤ S. 99 in den Havenwelten und im Schaufenster Fischereihafen. Käuflich erwerben kannst du hier außerdem Einkaufstaschen, Postkarten und viele nette Kleinigkeiten. Reinkommen lohnt sich! Bei der RadStation gibt's Mieträder. *Havenwelten | b2 und Schaufenster Fischereihafen | E11*

16 WATERKANT ★

Ohne das perfekte Mitbringsel kannst du unmöglich nach Hause fahren. Auf zur Waterkant. Hier lebst du deine Küstenbegeisterung aus und nimmst so viele Souvenirs mit, wie in deinen Koffer passen. *Mo–Fr 11–18 und Sa 11–16 Uhr | Bürgermeister-Smidt-Str. 55 | Bus Bürgermeister-Smidt-Straße | Mitte | b2*

SECONDHAND

17 FLOHMARKT ROTERSAND

Einfach stöbern, stöbern, stöbern ... Der größte und älteste Flohmarkt der Seestadt birgt so einige Schätze und Schnäppchen. Lass die Schatzsuche beginnen und begib dich in die wunderbar bunte Welt der 300 Stände. Bargeld nicht vergessen! *Sa–So 6–13 Uhr | Rudloffstr. 113 | bremerhaven.de/flohmarkt-rotersand | Bus Rotersand oder Waldemar-Becké-Platz | Mitte | C5*

18 SECOND HEAVEN

Eine zweite Chance für Lieblingsteile – statt muffiger Resterampe erwartet dich hier ein schicker Laden im Boutique-Stil. Die Inhaberin kennt jedes Kleidungsstück und weiß genau, welches bei dir einziehen sollte. *Mo–Fr 11–18, Sa 11–16 Uhr | Mühlenstr. 12 | Bus Große Kirche | Mitte | b2*

AUSGEHEN & FEIERN

Schicke Cocktail-Lounges, urige Hafenkneipen, Theater auf der großen Bühne und Schauspiel auf der Leinwand: Wenn die Sonne hinter dem Weserdeich untergeht, ist in Bremerhaven noch lange nicht Schluss.

Richtig großstädtisch wirkt der Neue Hafen, wenn die Lichter angehen. Einen der schönsten Blicke auf das mit dem *Red Dot Design Award* ausgezeichnete Beleuchtungskonzept der *Havenwelten* bietet die Bar im *THE LIBERTY Hotel*. Richtig gefeiert wird in Bremerhaven vor allem an einem Ort: Auf, in und um die *Alte Bürger* steppt am

Kulturelle Vielfalt als Programm: das Stadttheater Bremerhaven

Wochenende der Bär. Alteingesessene Kneipen wie *Das Rüssel* sind immer eine gute Adresse, in der *Hangover Bar* wird die Nacht schnell zum Morgen. Das Stadttheater ist die erste Wahl für Ballett, Schauspiel, klassische Konzerte, Opern und Musicals, Tickets solltest du dir frühestmöglich sichern. Auch bei typisch nordischem Schietwetter musst du nicht im Hotel bleiben – ein Spieleabend im *One Up* ist mit und ohne Reisebegleitung eine gute Idee! Außerhalb der City lässt es sich an lauen Sommerabenden besonders am *Haus am See* gut aushalten. Bühne frei fürs Abendprogramm!

WO BREMERHAVEN AUSGEHT

MARCO POLO HIGHLIGHTS

★ **HAUS AM SEE**
Schuhe aus und den Abend im Biergarten genießen ➤ S. 66

★ **MARLENE**
Großes Theater auch abseits der Bühne ➤ S. 67

★ **NEW YORK BAR BY THE LIBERTY HOTEL**
Der edelste Sonnenuntergang der Stadt ➤ S. 67

★ **SPORTSBAR DAS RÜSSEL**
Essen, Trinken, Feiern – die Lieblingskneipe mit Stadionatmosphäre ➤ S. 68

★ **ROCK CYCLUS BREMERHAVEN E. V.**
Livemusik und Festivalfeeling – die Rockszene lädt ein ➤ S. 69

★ **STADTTHEATER BREMERHAVEN**
Vier Sparten, ein Spielplan: In Bremerhavens größtem Theater ist für jeden was dabei! ➤ S. 69

Haus am See ★
Rock Cyclus Bremerhaven e. V. ★
Bremerhaven-Lehe
LEHE
ALTE BÜRGER
Auf Bremerhavens Ausgehmeile steppt am Wochenende die Robbe
Sportsbar Das Rüssel ★
Schleusenstr.
Lloydstr./VHS
MITTE
New York Bar by THE LIBERTY Hotel ★
Marlene ★
Stadttheater Bremerhaven ★
Hochschule Bremerhaven/Stadttheater
SÜDLICHE BÜRGER
Schauspiel oder Lichttheater und danach auf ein, zwei Drink(s) zu Marlene
Bremerhaven Hauptbahnhof
GEESTEMÜNDE
Bürgerpark
Geeste
B212
Brookstraße
Am Twischkamp
Lange Straße
Krumme Str.
Jahnstraße
Werkstr.
Stresemannstr.
Blumenstr.
Neue Straße
Hafenstraße
Neuelandstraße
Auguststr.
Surfeldstraße
Danziger Str.
Fritz-Reuter-Str.
Rickmersstraße
Eichendorffstr.
Frenssenstr.
Stormstraße
Hinrich-Schmalfeldt-Straße
Pestalozzistraße
Hämmw.
Hafenstr.
Rutenbergstr.
Lloydstr.
Wiesenstraße
Auf der Bark
Rheinstraße
Elbestraße
Deichstraße
Kirchenstraße
Columbusstraße
Auf der Kogge
Frühlingstr.
Borriesstr.
Kaistr.
Bussestr.
Ulmenstraße
Georgstr.

BARS & KNEIPEN

1 ALBERTS AM PLATZ

Ob Jung oder Alt, Hafenarbeiter oder Manager: Ein, zwei, drei Feierabenddrinks in dieser loungig-edlen Hafenpinte mit Terrasse sind immer drin. 45 Wein- sowie 22 Gin-Sorten und Speisen von nah und fern lassen keinen Wunsch offen. Perfekt für den ersten Abend nach einer langen Anreise! Wenn du Glück hast, findet gerade ein Barbecue-Event statt. *Mo–Fr 17–22, Sa 15–22, So 12–22 Uhr | Friedrich-Albert-Pust-Platz 4 | alberts-am-platz.de | Bus Am Fischbahnhof | Fischereihafen | ⊞ D11*

INSIDER-TIPP
Erste Adresse!

2 ALT BREMERHAVEN

In der ältesten Kneipe Bremerhavens wird Tradition großgeschrieben. Am urigen Holztresen schmeckt die Altbierbowle noch genauso lecker wie vor 40 Jahren. Für einen klaren Kopf sorgen kleine Speisen. *Mo–Do 18–2, Fr–Sa ab 18 Uhr | Prager Str. 47–49 | alt-bremerhaven.de | Bus Große Kirche | Mitte | ⊞ c2*

WOHIN ZUERST?

Nach einer Vorstellung im Stadttheater führt dein Weg an entspannten Cocktail-Bars und ausgefallenen Party-Kneipen vorbei in Richtung Norden. Auf der *Alten Bürger* ist am Wochenende immer was los und die Livemusik ist oft so laut, dass du im Vorbeigehen mittanzen kannst.

3 CAFÉ DE FIETS

Wohnzimmeratmosphäre, Livemusik, leckeres Essen und kühle Getränke – klingt das nach einem perfekten Abend? Dann gehst du heute hier vor Anker. *Mi–Do ab 18, Fr–Sa ab 19 Uhr | Bürgermeister-Smidt-Str. 155 | diealtebuerger.de/cafe-de-fiets.html | Bus Schleusenstraße | Mitte | ⊞ C6*

4 GASTSTÄTTE SCHABERNAK

Noch kein Eishockeyfan? Hier wirst du einer! Die Fankneipe der *Fischtown Pinguins* zeigt jedes Auswärtsspiel auf der Großleinwand. Anschließend wird gemeinsam gefeiert. *Di 17–2, Mi–Do 17–0, Fr–Sa 17–5, So 17–0 | Hafenstr. 72 | gaststaette-schabernak.business.site | Bus Kistnerstraße | Mitte | ⊞ D6*

INSIDER-TIPP
Bremerhaven live!

5 HAUS AM SEE ★

Raus aus der Stadt, rein ins Grüne: Im Gesundheitspark Speckenbüttel steht ein Haus am See und hier lässt es sich ganz wunderbar aushalten! Drinnen gibt's norddeutsche Küche, draußen im Biergarten kühle Drinks sowie Pizza und Brezeln aus dem Foodtruck. Frühschoppen, Themenabende und Livemusik sorgen für beste Unterhaltung. *Mi–So 17.30–22 u. Mi–Sa 12–17 Uhr | Marschenhausweg 3 | ha-see.de | Bus Parktor | Lehe | ⊞ 0*

6 KIM'S KARAOKE

Singen kann jeder! In Bremerhavens beliebtester Karaokebar treffen Mikro-Neulinge auf Vokalprofis, Engelsstimmchen auf Rockröhren und so manche Bühnenkarriere fand hier be-

Top of the List: New York Bar in der 5. Etage des THE LIBERTY Hotels

stimmt ihren Anfang. Keine Scheu, hier wird jeder schiefe Ton gefeiert! *Tgl. ab 20 Uhr | Rickmersstr. 9 | karaoke-bremerhaven.de | Bus Rickmersstraße | Raucherkneipe | Mitte | D5*

7 MARLENE ★ ☂

Trinken, Essen und großes Theater, auch abseits der Bühne! Nach deinem Besuch im Stadttheater (oder einfach so) erwarten dich leckere Cocktailrezepte à la Barkeeper sowie Kunstwerke aus der Küche. *Mo–So ab 16.30 Uhr | Theodor-Heuss-Platz 8 | marlene-bhv.de | Bus Stadttheater | Mitte | c3*

8 NEW YORK BAR BY THE LIBERTY HOTEL ★

Von der 5. Etage des THE LIBERTY Hotels ➤ S. 89 hast du den besten Blick über die Stadt und den Hafen. Der Sonnenuntergang ist, mit einem perfekt gemixten Drink in der Hand, nirgends schöner als hier. Die Barkeeper wissen, was sie tun, und bei schönem Wetter öffnet die Dachterrasse! *Tgl. 17.30–23 Uhr | Columbusstr. 67 | www.liberty-bremerhaven.com | Bus Havenwelten | Havenwelten | b2*

9 ONE UP

Ein Ründchen geht noch! Die beste Game Bar der Stadt verschafft dir einen Spieleabend wie zu Hause auf der Couch – mit Gesellschafts- und Videospielen, netten Mitspielern, Getränken und Snacks. *Do 18–23, Fr–Sa 20–2 Uhr | Am Gitter 3 | gamebarcompany.wixsite.com/one-up | Bus Schleusenstraße | Mitte | C6*

10 THE HANGOVER BAR

In der Event-Bar wird gefeiert, bis die Sonne aufgeht. Ob *Arm Wrestling Contest, Bier-Pong-Turnier, Ossi Party* oder *Girls Night Out*: Hier gehen die Lichter erst aus, wenn die Sonne aufgeht. *Fr–Sa 22–6 Uhr | Bürgermeister-Smidt-Str. 171 | Facebook: Hangover-Eventbar | Raucherkneipe | Bus Schleusenstraße | Mitte | C6*

11 SPORTSBAR DAS RÜSSEL ★

Treffpunkt zum Public Viewing oder einfach die Lieblingskneipe ums Eck. Das Personal im Rüssel kennt den Spielplan genauso gut wie die Getränkekarte und nicht nur Werder-Fans fühlen sich hier zu Hause. Bier, Baguette, nette Tischnachbarn und der Abend ist perfekt! *Mo–Fr 18–23, Sa 14.30–2, So 14.30–23 Uhr oder 1 h vor Anpfiff der Werder-Partie | Bürgermeister-Smidt-Str. 145 | das-ruessel.de | Bus Schleusenstraße | Mitte | C6*

CLUBS & LIVEMUSIK

12 KUDDELS MUSIKKNEIPE

Lust auf einen bunten Partyabend mit Livemusik und neuen Thekenfreunden? Das Kuddels ist eine Institution! Wenn dir ein bisschen Rauch nichts ausmacht, bist du hier richtig. *Mo–Do 16–23, Fr ab 16, Sa ab 13 Uhr | Goethestr. 1 | kuddels-musikkneipe.de | Bus Am Leher Tor | Mitte | D6*

13 KULTURBAHNHOF LEHE

Ein Ort der Kultur im Stadtteil Lehe: Jede Woche finden hier Livekonzerte

Schon seit Beginn des 20. Jhs. Bremerhavens Kulturtempel schlechthin: das Stadttheater

und Partys statt, die den kleinen Eintrittspreis mehr als wert sind. Auf nach Lehe! *Öffnungszeiten s. Website | Moltkestr. 13 | kuba-lehe.de | Bus Am Leher Tor | Lehe | D6*

14 ROCK CYCLUS BREMERHAVEN E. V. ★

Seit über 40 Jahren trifft sich hier die Rockszene der Region zu Konzerten, Festivals und Workshops. Eine legendäre Location für Freunde harter Gitarrenmusik! *Öffnungszeiten s. Website | Am Fleeth 1 | rockcyclus.de | Bus Poststraße | Lehe | F4*

15 YESTERDAY

Schwing' das Tanzbein zu den Tophits der letzten 50 Jahre. Dein Hotel siehst du eventuell erst zum Frühstück wieder … *Mi–Do ab 19, Fr–Sa ab 21 Uhr | Bürgermeister-Smidt-Str. 161 | Facebook: YesterdayBHV | Raucherkneipe | Bus Schleusenstraße | Mitte | C6*

KINO & THEATER

16 JUB! JUNGES THEATER BREMERHAVEN

Ein Ort voller Drama, Intrigen und Leidenschaft für Jung und Alt. Das talentierte Ensemble hat immer wieder neue und aufregende Stücke im Programm. *Öffnungszeiten s. Website | Columbusstr. 2 | stadttheaterbremerhaven.de/junges-theater | Bus Columbusstraße/Weserfähre | Mitte | d4*

17 CINEMOTION

Im Kinokomplex flimmern aktuelle Blockbuster, Sport- und Konzertübertragungen über die große Leinwand. Ausgewählte Filme laufen hier schon vier Tage vor dem Bundesstart und auf kleine Filmfans warten sonntags die *Kinderhelden. Karlsburg 1 | bremerhaven.cinemotion-kino.de | Bus Hochschule Bhv./Stadttheater | Mitte | c3*

INSIDER-TIPP
Für ganz Ungeduldige!

18 PICCOLO TEATRO

Gemütliche und intime Theateraufführungen erwarten dich in diesem niedlichen Theater in der *Alten Bürger*. Licht aus, Performance an! *Spielplan s. Website | Bürgermeister-Smidt-Str. 200 | haventheater.de | Bus Schleusenstraße | Mitte | C6*

19 STADTTHEATER BREMERHAVEN ★ ☂

Seit der Grundsteinlegung 1910 begeistert das Stadttheater seine Besucher. Musicals, Schauspiel, Ballett und Opern machen das Theater zum klassischen Vierspartenhaus. Premieren und besonders beliebte Stücke sind schnell ausverkauft! Die Abendkasse öffnet eine Stunde vor Vorstellungsbeginn, bei ausverkauften Stücken bleibt sie geschlossen. *Spielplan s. Website | Theodor-Heuss-Platz 10 | stadttheaterbremerhaven.de | Bus Hochschule Bhv./Stadttheater | Mitte | c3*

20 THEATER IM FISCHEREIHAFEN

Hier erlebst du nicht nur kreative Darbietungen, sondern auch fangfrischen Humor. Ein besonderes Theater an einem besonderen Ort in Bremerhaven. *Öffnungszeiten s. Website | Am Schaufenster 6 | tif-bremerhaven.de | Bus Am Schaufenster/Gera | Mitte | E11*

RUND UM BREMERHAVEN

Um die Nordsee, das Wattenmeer und spannende Ausflugsziele rund um die Wesermündung zu erleben, musst du nur wenige Kilometer zurücklegen. Zeit für einen Tagesausflug!

Der *Nationalpark Niedersächsisches Wattenmeer* ist Teil des UNESCO-Weltnaturerbes Wattenmeer, das von Esbjerg in Dänemark bis nach Den Helder in den Niederlanden reicht. Am Strand chillen, Fischern bei der Arbeit zusehen, in der Nordsee-Lagune planschen – das geht auf der Ferienhalbinsel Butjadingen westlich von Bremerhaven besonders gut. Ob das Meer gerade da ist? Lass dich über-

Ruhe finden und Meer genießen am Duhner Strand in Cuxhaven

raschen (Profis informieren sich vorher). Weiter südlich besuchst du die Seestadt Brake mit der Flussinsel Harriersand, in nördlicher Richtung geht es zur Wurster Nordseeküste und weiter nach Cuxhaven. Unterwegs triffst du auf typische Leuchttürme, spannende Museen und bestimmt auch auf das eine oder andere leckere Fischbrötchen. Auch abseits der Küste gibt es im „Cuxland" viel zu erleben: Im Wingster Waldzoo besuchst du Waldbewohner aus aller Welt, in Geestland wartet eine mysteriöse Moorlandschaft. Gummistiefel an und los geht's!

RUND UM BREMERHAVEN

MARCO POLO HIGHLIGHTS

★ **NORDSEE-LAGUNE**
Wie war das noch gleich mit Ebbe und Flut? Egal, hier wird immer gebadet! ➤ S. 74

★ **SCHIFFAHRTSMUSEUM UNTERWESER**
Handelsschifffahrt als Erlebnis – viel mehr als nur Geschichte(n)! ➤ S. 75

★ **ALTE LIEBE**
Wer schippert denn da, warum und wohin eigentlich? Eine Aussichtsplattform als Tor zur großen, weiten Welt ➤ S. 76

★ **WATTENMEER BESUCHERZENTRUM**
Am lebenden Objekt lernt es sich am besten. DER Info-Ort rund ums Wattenmeer! ➤ S. 77

★ **WINGSTER WALDZOO**
Waldtiere aus aller Welt triffst du am Fuße des Deutschen Olymp ➤ S. 78

★ **AERONAUTICUM NORDHOLZ**
Von kleinsten Bauteilen zum richtig großen Vogel – im Deutschen Luftschiff- und Marinefliegermuseum dreht sich alles ums Fliegen ➤ S. 79

HAMBURG
SCHLESWIG-HOLSTEIN
Wattenmeer Besucherzentrum
Alte Liebe
Cuxhaven
Sahlenburg
Elbe
Berensch
Altenbruch
Otterndorf
Belum
Neuhaus (Oste)
Oxstedt
Lüdingworth
Kehdingbruch
Osterbruch
AERONAUTICUM
Nordleda
Cappel-Neufeld
Spieka
Wanna
Wingster Waldzoo
42 km, 30 Min.
Wurster Nordseeküste
Midlum
Ihlienworth
27
45 km, 40 Min.
Krempel
Odisheim
Süderbusch
Bovenmoor
Dorum
Holßel
Neuenwalde
Varrel
Steinau, Niederelbe
Flögeln
Mulsum
Nordahn
Sievern
Mittelstenahe
Wremen
Geestland
Bad Bederkesa
Drangstedt
Moorausmoor
Langen
Lintig
Meckelstedt
Wehden
Alfstedt
Kührstedt
Hainmühlen
Marschkamp
Ringstedt
Großenhain
Weser
Bremerhaven
Bramel
Alfstedt
Köhlen
Altluneberg
Ebersdorf
Sellstedt
Heinschenwalde
BREMEN
Geestenseth
Donnern
Wehdel
Frelsdorf
Hipstedt
Oerel
Bexhövede
Stinstedt
Wollingst
Loxstedt
Heerstedt
Barchel
Appeln
Lunestedt
Beverstedt
Basdahl
Büttel
Stotel
Volkmarst
Hollen
Kirchwistedt
Brillit
42 km, 35 Min.
Stubben
Wellen
Wittstedt
Bokel
Kuhstedt
Gnarrenburg
27
Bramstedt
Lohe
Holste
Karlshöfenerberg
Axstedt
Hagen im Bremischen
Karlshöfen
Wersabe
Lübberstedt
Vollersode
Albstedt
Uthlede
Hambergen
Ostersode
Lehnstedt
Ohlenstedt
Garlstedt
Aschwarden
Hüttendorf

BUTJADINGEN

(🕮 0) **Deutschlands größte Ferienhalbinsel gehört zu den klassischen Urlaubszielen an der Nordseeküste.**
Das Herz der Gemeinde Butjadingen schlägt im ehemaligen Fischerort Burhave. Krabbenkutter gucken kann man am besten in Fedderwardersiel.

SIGHTSEEING

KUNSTPROMENADE

Das Gratismuseum mit Nordseeblick! Vom Strand in Burhave spazierst du am Wasser entlang bis nach Fedderwardersiel. Innerhalb von vier Wochen erschufen dort im Jahr 2007 sieben renommierte Künstler spektakuläre Skulpturen – sie stehen bis heute. *OT Burhave*

KUTTERHAFEN FEDDERWARDERSIEL

Noch ein ehemaliges Fischerdorf, dieses ist beschaulich geblieben. Nur 250 Einwohner zählt das Nordseebad an der Außenweser, bei einem Spaziergang entdeckst du den hübschen Krabbenkutterhafen, Fischrestaurants laden zum Schlemmen ein. Hingesetzt und dageblieben, hier ist es nicht nur lecker, sondern es gibt auch was zu gucken! *OT Fedderwardersiel*

TOSSENS

Das ehemalige Fischerdorf ist heute ein beliebtes Nordseebad und bietet wirklich alles, was es für einen tollen Urlaub am Meer braucht: einen Campingplatz direkt am Wasser, einen Piraten-Abenteuerspielplatz, Beachvolleyball- sowie Beachsoccerplätze, Deutschlands einzigen Babystrand, jede Menge Restaurants mit regionaler und internationaler Küche und natürlich immer frische Nordseeluft. Direkt am Strand starten geführte Wanderungen ins UNESCO-Weltnaturerbe Wattenmeer. *OT Tossens*

SPORT & SPASS

NORDSEE-LAGUNE ★

Huch, wie haben die das denn gemacht? Die Nordsee-Lagune in Burhave ist der weltweit einzige Meerwasser-Badesee, in dem zu jeder Tageszeit geplanscht werden kann. Die Ebbe wurde hier einfach abgeschafft! Möglich machen das leistungsstarke Pumpen, die die Lagune immer wieder mit frischem und biologisch gereinigtem Nordseewasser speisen. *Am Deich | OT Burhave*

SPIELSCHEUNE

Schlechtes Wetter? Kein Problem! Auf dem 3000 m² großen Indoorspielplatz in Burhave wird gerutscht, geklettert, gerannt und gehüpft. Vom Riesentrampolin geht es zum Kartfahren, zum Kletterberg oder auf die 45-m-Superrutsche. Beim Kinderanimationsprogramm ist Action angesagt – vom Kinderschminken über Pizzabacken bis zur Kids Disco. Der Ort, an dem Kinder glücklich und Erwachsene ziemlich neidisch werden … *Mo–Fr 14–19, Sa u. So 10–19 Uhr | Eintritt*

Erw. 6 Euro, Kinder 6 Euro, Familie 18 Euro | Strandallee 57a | butjadingen.de | OT Burhave

BRAKE

(▢ 0) **Die Seehafenstadt Brake (Unterweser) ist die Kreisstadt des Landkreises Wesermarsch und liegt direkt an der Unterweser.**
Die Wesermarsch lässt sich wunderbar mit dem Fahrrad erkunden, der Weser-Radweg führt mitten durch Brake.

INSIDER-TIPP
Boxenstopp!

Zu einem Päuschen laden von April bis Oktober die acht Melkhüs ein. Die von Landfrauen betriebenen kleinen Hütten verpflegen dich mit leckeren Milchspeisen und -getränken. Einen Lageplan erhältst du bei der Tourist Information in Brake *(Kaje 9 | brake-touristinfo.de)*.

SIGHTSEEING

FISCHERHAUS

Alt, aber oho! Das Fischerhaus ist das älteste noch erhaltene Haus in Brake, es wurde 1731 von Addick Addicks (hieß wirklich so) und seiner Ehefrau Elisabeth gebaut. Ein Blick in das gemütlich eingerichtete Innere fühlt sich an wie eine kleine Zeitreise, denn auch wenn das Haus natürlich zwischenzeitlich restauriert wurde, ist hier einiges wirklich richtig alt. Erhalten geblieben sind zum Beispiel die Original-Holzbalken oder die bemalten Wandkacheln. *Mitteldeichstr. 34 | brake.de*

Schiffahrtsmuseum Unterweser

SCHIFFAHRTSMUSEUM UNTERWESER ★

Das Schiffahrtsmuseum in Brake besteht aus drei Häusern, die gemeinsam eines der ältesten Spezialmuseen Niedersachsens bilden. Mit viel Liebe zum Detail und wirklich ungewöhnlichen Ausstellungsstücken wirst du in die Geschichte der Handelsschifffahrt an der Unterweser eingeführt. Zum Museum gehören das *Haus Borgstede & Becker (Breite Str. 9)*, der *optische Telegraph (Kaje 8, heute auch das Wahrzeichen von Brake)* und die *Villa Steenken* in Elsfleth *(Weserstr. 14). Apr.–Okt. Di–So 10–17 Uhr, Nov.–März Di–Sa 11–17, So 10–17 Uhr | Eintritt Erw. 5 Euro (Kombiticket für alle drei Standorte 10 Euro), Schüler ab 6 J. 2 Euro (Kombiticket 4 Euro), Familie 10 Euro (Kombiticket 20 Euro) | schiffahrtsmuseum-unterweser.de*

RUND UM BRAKE

HARRIERSAND

10 Min. mit der Fähre von Brake

Die Weserinsel Harriersand liegt gegenüber von Brake. Mit ca. 11 km Länge ist sie eine der längsten Flussinseln Europas. Ursprünglich gab es hier einmal sieben Inseln, bei der Weserkorrektur und -vertiefung 1924–1932 wurden diese zu einer einzigen vereinigt. Wandern, Radfahren, am breiten Sandstrand die Sonne genießen – auf der grünen Insel Harriersand wird Erholung großgeschrieben (viel mehr kann man hier aber auch nicht tun). Rüber kommst du über eine Straßenbrücke von Schwanewede oder – viel schöner – mit der Fähre von Brake aus. Zeit für ein bisschen Entschleunigung! *brake-touristinfo.de*

CUXHAVEN

(🕮 0) **Wattwandern, baden, flanieren, Schiffe gucken, Seeräubergeschichten lauschen: Das Nordseeheilbad Cuxhaven hat nicht nur einen der größten Fischereihäfen Deutschlands – wo die Elbe in die Nordsee mündet, gibt es Nordseeerlebnis pur!**

SIGHTSEEING

ALTE LIEBE ★

Hach, ist das herrlich hier! Die zweistöckige Aussichtsplattform „Alte Liebe" wurde 1733 als Schiffsanleger und Wellenbrecher gebaut. Bis heute legen hier Schiffe zu den Inseln Neuwerk, Helgoland und Sylt sowie zu den Seehundbänken ab. Vor allem

Auf dem Weg zur Kugelbake in Cuxhaven

aber trifft man sich auf der Alten Liebe, um die riesigen Pötte aus aller Welt zu bestaunen, die hier ganz nah vorbeifahren. Dazu gibt's einen ganz speziellen Service: Der Schiffsansagedienst Cuxhaven e. V. informiert von April bis Oktober *(10–19 Uhr)* über Größe, Herkunft und Ziel der vorbeifahrenden Schiffe. *Bei der Alten Liebe 10*

KUGELBAKE

Cuxhavens Wahrzeichen steht am nördlichsten Zipfel Niedersachsens. Die 29 m hohe, aus Holz gebaute Kugelbake war früher eine wichtige Orientierungshilfe für Seefahrer: Sie zeigt an, wo die Elbe endet und die Nordsee anfängt. Heute übernehmen das moderne Radargeräte, die Kugelbake durfte als Denkmal aber stehen bleiben und ist ein beliebtes Ausflugsziel. *Jonathan-Zenneck-Weg*

ORTSTEIL DUHNEN

Das Meer und du … Na ja, ein paar Möwen und andere Touris sind auch hier, aber die stören kaum. Duhnen ist der perfekte Ort für einen entspannten Tag am Wasser (oder am Watt, je nach Tageszeit). Seit 1902 wird hier schon Urlaub gemacht, entsprechend viel gibt es rund um den sehr breiten Strand zu tun und zu sehen. Miete dir einen Strandkorb, gönn' dir ein Eis und genieße die frische (und bestimmt sehr gesunde) Brise, die hier immer weht. *OT Duhnen*

WATTENMEER BESUCHERZENTRUM ★ ☂

„Watt willste wissen?" Wattwissen für Interessierte vermittelt das UNESCO-Weltnaturerbe Wattenmeer Besucherzentrum Cuxhaven, direkt am Sahlenburger (Sand-)Strand, zwischen Heide und Watt. Bei naturkundlichen Führungen erlebst du Watt, Salzwiese, Geestkliff oder Küstenheide hautnah. *Besucherzentrum: April–Okt. Mo–Fr 10–18, Sa u. So 12–18, Nov.–März Mo–Fr 10–16, So 12–16 Uhr | Eintritt frei | Nordheimstr. 200 | cuxhaven.de | OT Sahlenburg | 1 Std.*

INSIDER-TIPP
Gummistiefel nicht vergessen!

WINDSTÄRKE 10 – WRACK- UND FISCHEREIMUSEUM

Wie fühlt es sich an, bei einem schweren Sturm mit 10 Windstärken auf See zu sein? Das Wrack- und Fischereimuseum berichtet von der harten Arbeit an Bord der Fischtrawler der Hochseefischerei und von den Gefahren auf See, von Schiffbruch und dem Kampf ums Überleben. Zwei historische Fischpackhallen wurden in Verbindung mit einem modernen Ausstellungsgebäude zum Ausflugsziel und Lernort für die ganze Familie. *April–Okt. tgl. 10–18, Nov.–März Di–So 10–17 Uhr | Eintritt Erw. 9,50, Kinder 6–16 J. 1,50 Euro, Familie 19 Euro | Ohlroggestr. 1 | windstaerke10.net | 1½ Std.*

RUND UM CUXHAVEN

INSEL NEUWERK

120 Min. mit der Fähre von Cuxhaven

Hamburgs nördlichster Stadtteil liegt 10–12 km von Cuxhaven (aber 100 km vom Hamburger Rathaus) entfernt! Circa 40 Einwohner sind hier zu

Hause. Man kennt sich also. Während Großstädter von Entschleunigung träumen, gehört sie hier zum Alltag: Auf Neuwerk muss alles, was nicht selbst angebaut oder auf einem kleinen Schiff transportiert werden kann, auf dem Wattweg im Hänger eines Traktors gefahren werden. Bei ungünstigen Seebedingungen geht manchmal tagelang gar nichts … Vielleicht entdeckst du beim Wattwandern ein Stück Bernstein! *Anreise per Schiff vom Anleger „Alte Liebe" (April–Okt.), mit dem Wattwagen oder zu Fuß durchs Watt | insel-neuwerk.de*

OTTERNDORF

(🕮 0) **An der Elbmündung liegt eine Kleinstadt, die es in sich hat!** Führungen in der hübschen historischen Altstadt werden von März bis Oktober immer mittwochs um 11 Uhr angeboten, auf eigene Faust kannst du Otterndorfs spannender Stadtgeschichte auf einem virtuellen Stadtrundgang *(otterndorf.de)* folgen.

SIGHTSEEING

MS ONKEL HEINZ

Hier oben gibt's nicht nur Krabbenkutter! Die Barkasse *Onkel Heinz* schippert dich durch die wildromantische Flusslandschaft der Medem, eines Nebenflusses der Elbe. Kiebitze und Fischreiher auf Nahrungssuche oder sogar ein Eisvogel kreuzen eure Route. Beim Aussteigen wartet eine Überraschung: Mit einer von einem Traktor gezogenen historischen Straßenbahn geht es zum Ausklang in den Biergarten. *Anmeldung erforderlich, Termine u. Preise s. Website | medemfahrten.de*

RUND UM OTTERNDORF

DEUTSCHER OLYMP

19 km/25 Min. mit dem Auto von Otterndorf

Der Wingster Wald ist die grüne Lunge der Nordsee und hat mit dem Berg *Deutscher Olymp* den höchsten Punkt im Cuxland. Schon seit 1860 gibt es dort einen Aussichtsturm, das aktuelle Modell entstammt den 1970er-Jahren – ein 90 m hohes Beton-Ungetüm, dessen Besteigung sich aber lohnt! Von oben schaust du über die Elbe nach Brunsbüttel und bis zur Nordsee nach Cuxhaven. Treppe oder Aufzug? *Am Olymp 7, Wingst | wingst.de*

WINGSTER WALDZOO ★

20 km/25 Min. mit dem Auto von Otterndorf

Der liebevoll angelegte Familienzoo befindet sich am Fuße des *Deutschen Olymps*, mitten im Wingster Wald. Ob Schnee-Eule, Leguan oder Ozelot – die meisten Tiere hier sind Waldbewohner, teilweise kommen sie von weit her und haben in einem der Tropenhäuser oder im Bambuswald ihr Zuhause gefunden.

INSIDER-TIPP
Spurensuche im Zoo

Für Rätselliebhaber gibt's die Escape-Rallye: einfach den Spielekoffer bei der Kasse abholen und los geht's! Da es viele frei laufende Tiere gibt, dürfen Hunde nicht mit rein. *April–Okt. 10–18, Nov.–März 10–16 Uhr |*

Eintritt Erw. 9 Euro, Kinder 6 Euro, Familie 28 Euro | Am Olymp 1, Wingst | wingster-waldzoo.de

SCHWEBEFÄHRE OSTEN-HEMMOOR

30 km/30 Min. mit dem Auto von Otterndorf

Von April bis Oktober transportiert dich dieses beeindruckende Stahlkonstrukt durch die Luft über die Oste. Die Idee stammt aus der Kaiserzeit, die Fähre selbst ist aber saniert und tipptopp in Schuss. Schautafeln erklären Geschichte und Funktionsweise. *Mai–Sep. Di–Fr 11–15, Sa u. So 11–17, Okt. Sa u. So 11–15 Uhr | Erw. 2,50 Euro, Kinder bis 16 J. 1,50 Euro, Fahrrad 50 Cent | Fährstr. 1, Osten | schwebefaehre.wordpress.com*

WURSTER NORDSEE-KÜSTE

(🕮 0) **Mit Würstchen hat der Ortsname nichts zu tun. Die Abwandlung des Wortes „Wurten" beschreibt einen aufgeschütteten Erdhügel. So langweilig, wie das klingt, ist es hier zum Glück nicht.**

In den Sommermonaten steppt im sonst eher beschaulichen Kurpark im Ortsteil Wremen sogar *Die Grille*! Die Partyreihe ist Kult, seit 30 Jahren wird sie von Wremer Vereinen gemeinsam veranstaltet. Jeden Mittwoch öffnet der XL-Biergarten, von 18 bis 22 Uhr gibt's Livemusik, Gegrilltes und frisch Gezapftes.

SIGHTSEEING

AERONAUTICUM NORDHOLZ ★

Noch ein Schiffsmuseum?! Ja, aber hier geht's um Luftschiffe! Im Innenbereich des Deutschen Luftschiff- und Marinefliegermuseums Nordholz erwarten dich viel Technik und Artefakte rund ums Fliegen, auch ein Wrackteil des berühmten Zeppelins *Hindenburg* ist dabei. Auf der 36 000 m² großen Freifläche steht, was nicht ins Haus passt: vom Hubschrauber über Verkehrsflugzeuge bis zum Jagdbomber aus dem Zweiten Weltkrieg. *Tgl. 10.30–17.30 Uhr | Eintritt Erw. 12 Euro,*

Bären im Wingster Waldzoo

Alles andere als abgehoben: das AERONAUTICUM in Nordholz

Kinder ab 6 J. 6 Euro, Familie 26 Euro | Peter-Strasser-Platz 3 | aeronauticum.de | OT Nordholz | 2–3 Std.

LEUCHTTURM OBEREVERSAND

Dünne Beinchen, ein runder Körper … Sobald du nah genug dran bist, erkennst du: Dieser Leuchtturm steht auf Stelzen! Der Aufstieg lohnt sich: Oben angekommen, erzählt er dir seine Geschichte. Bei klarem Wetter genießt du einen wunderbaren Blick auf das Meer und in die Ferne. *Fr–So 14–17 Uhr | Eintritt Erw. 2 Euro, Kinder 6–15 J. 1 Euro | Am Kutterhafen 3 | obereversand.de | OT Dorum-Neufeld*

KURIOSES MUSCHELMUSEUM WREMEN

Muscheln mag jeder – wie vielfältig die Welt der Muscheln ist, wissen nur wenige. Dieses Museum entführt dich in die Tiefen des Meeres. Hier gibt es nicht nur Muscheln und Schneckengehäuse zu sehen, sondern auch kuriose Fakten rund um die „Mupfel" zu lernen. Urmel wäre begeistert! *Di–So 10–12 u. 14–16.30 Uhr | Eintritt Erw. 3 Euro, Kinder frei | Zur alten Schule 3 | muschelmuseum-wremen.jimdofree.com | OT Wremen | 1 Std.*

MIDLUMER MÜHLE

Die Midlumer Mühle, ein sogenannter Galerie-Holländer, ist eine der wenigen noch funktionsfähigen Windmühlen dieser Art im Landkreis Cuxhaven. Bis 1955 war sie noch in Betrieb. Einmal im Monat wird der Sonntag zum Backtag: Neben Butterkuchen und Brot aus dem Mühlen-Backofen werden dann auch Mühlenführungen angeboten. *Mühlenweg | cuxland.de | OT Midlum*

INSIDER-TIPP
Frisch aus dem Ofen!

NATIONALPARK-HAUS WURSTER NORDSEEKÜSTE

Direkt vor dem Deich erwartet dich eine moderne Ausstellung zum Nationalpark Niedersächsisches Wattenmeer mit mehreren Großaquarien: Durch die dicken Scheiben erlebst du

Knurrhahn, Katzenhai, Taschenkrebs und Seeanemone hautnah. Geführte Themenwanderungen bringen dir den Lebensraum Watt näher *(Infos s. Website). April Di–So 11–17, Mai–Okt. tgl. 10–18, Nov.–März Mi–Fr 12–17, Sa u. So 11–17 Uhr | Eintritt frei | Am Kutterhaus 3 | nationalparkhaus-wattenmeer.de | OT Dorum-Neufeld | 1 Std.*

GEESTLAND

(0) **Ganze 16 Ortschaften gehören zur jungen Stadt Geestland, sie ist erst 2015 aus der Fusion der Samtgemeinde Bederkesa mit der Stadt Langen entstanden.**
Weite Heideflächen, das große Ahlenmoor, das Moorheilbad Bad Bederkesa mit dem Bederkesaer See, viele Wälder sowie das Wattenmeer laden gleichermaßen zum Entspannen und Aktivsein ein, unterwegs triffst du auf alte Hünengräber, Burgen, Windmühlen und Museen.

SIGHTSEEING

BEDERKESAER SEE

Spiegelglatt liegt der gut 2 km² große und fast kreisrunde Moorsee vor dir. Aufgrund der geringen Tiefe von durchschnittlich nur einem Meter wachsen hier viele Sumpf- und Wasserpflanzen. Vögel freuen sich über Premium-Brutmöglichkeiten, Angler schätzen den See für seinen Fischreichtum. Der 7 km lange Rundweg ist in gut anderthalb Stunden zu bewältigen – verlaufen unmöglich!

MUSEUM BURG BEDERKESA

Die schmucke mittelalterliche Burg ist von einem Wassergraben umgeben und wird heute als Museum für Archäologie genutzt. Gezeigt werden bedeutende Exponate von einigen der mehr als 10 000 Fundplätze, die die vor- und frühgeschichtliche Besiedlung im Gebiet des heutigen Landkreises Cuxhaven dokumentieren. *Mai–Sep. Di–So 10–18, Okt.–April 10–17 Uhr | Eintritt Erw. 3 Euro, Kinder frei | Amtsstr. 17 | burg-bederkesa.de | OT Bad Bederkesa | 1 Std.*

MUSEUMSBAHN

Im alten Bahnhofsgebäude von Bederkesa bietet der Museumsbahn-Verein eine Zugreise der besonderen Art: Die Museumsbahn, die zwischen Bad Bederkesa und dem Schaufenster Fischereihafen in Bremerhaven verkehrt, besteht aus einer Diesellok von 1943, mehreren Umbauwagen, einem Gepäckwagen (für den Fahrradtransport) und einem umgebauten Postwagen. *Fahrzeiten und Preise s. Website | Bahnhofstr. 18 | museumsbahn-bremerhaven-bederkesa.de | OT Bederkesa*

RUND UM GEESTLAND

AHLENMOOR

Noch ein Zug? Na ja, ein Bähnchen, aber mit spektakulärer Streckenführung! Die Moorbahn kutschiert dich ins Naturschutzgebiet Ahlenmoor. Das *MoorInformationsZentrum* lädt mit Erlebnisausstellung und Moorerlebnispfad zum Selbsterkunden ein. *Mai–Okt. tgl. 10–18, Nov.–Apr. Do–So 11–17 Uhr | Am Hohen Kopf 3 | ahlenmoor.de*

AKTIV & ENTSPANNT

Highlight für Fans des Maritimen: Törn auf der Weser

SPORT, SPASS & WELLNESS

DRAUSSEN UNTERWEGS

Vielseitig zeigt sich der Bürgerpark ➤ S. 35. Offene Wiesenflächen, gärtnerisch gestaltete Anlagen und Waldbereiche sind das perfekte Habitat für Spaziergänger und Jogger, Familien und Picknickfreudige. Beliebt zum Joggen ist auch der Gesundheitspark Speckenbüttel ➤ S. 43, hier gibt's auch einen Sportparcours. Sightseeing mit dem Zweirad bietet die *Fisch & Schipp Route*: Vom Hauptbahnhof kommend startet die Tour am *Alten Hafen* und führt über die Havenwelten zu den Überseehäfen und wieder zurück in die Stadt *(bremerhaven.de/fisch-und-schipp)*. Sportlich unterwegs bist du auf dem *Weser-Radweg (weserradweg-info.de)*, der vom Weserbergland bis zur Nordsee führt.

RUND UMS WASSER

Wer in Bremerhaven Urlaub macht, kommt am Wasser nicht vorbei. Im *Weser-Strandbad* picknickst du im Strandkorb, beobachtest die vorbeifahrenden Schiffe und gönnst dir mindestens ein Eis. Baden ist hier leider nicht erlaubt, die Strömung ist zu stark. Wer schwimmen will, hat aber vier Möglichkeiten: In BAD 1, BAD 2 und BAD 3 (heißen wirklich so!) wird täglich um die Wette geplanscht, im Sommer öffnet das *Freibad Grünhöfe* (*G12*) *(baeder-bhv.de)*. Ab aufs Wasser, ohne nass zu werden? Mit gehissten Segeln startest du zu spannenden Tagestörns, bei denen du der Crew auch mal zur Hand gehen darfst *(bremerhaven.de/toerns)*. Wer sich auf hoher See nicht sicher fühlt: Tret- und Ruderboote zum Mieten gibt's im *Gesundheitspark Speckenbüttel (30 Min.: 9 Euro, 60 Min.: 13,50 Euro | Marschenhausweg 3 | bremerhaven.de)* und im Bürgerpark *(30 Min.: 8 Euro, 60 Min.: 13 Euro)*. Bei *Blue Bay* am Spadener See östlich von Bremer-

Wakeboarding im sportlichen Beachclub am Spadener See

haven werden Wasserski, Wake- sowie SUP-Board ausgepackt. Auch Adventure Golf gibt's hier *(Am Spadener See 52, Schiffdorf | blue-bay.de)*.

KLETTERN, GOLFEN UND RÄTSELN

In der Kletterhalle *(🕮 D6)* im alten Leher Güterbahnhof wird auf 204 m² gebouldert, geklettert und gleichzeitig gerätselt. Neben deiner Fitness musst du hier auch Köpfchen zeigen, um die Route zu bewältigen *(Erw. 8 Euro, erm. 5 Euro, Leihschuhe 3 Euro | Moltkestr. 13 | bremerhaven-boulderclub.de)*. Gekonnte Abschläge zeigst du auf dem 18-Loch-Platz im *Golfclub Bremerhaven (🕮 H9)*. Für Beginner werden Einsteigerkurse angeboten *(Georg-Büchner-Str. 19 | golfclub-bremerhaven.de)*. Weniger Schlagkraft, aber viel Verstand ist in den *Escape Rooms* von *2Escape (🕮 b1)* nötig. In drei Räumen ist Teamgeist gefragt, um alle kniffligen Rätsel zu lösen *(Schifferstr. 29 | 2escape.de)*.

RUNDUM ENTSPANNT

Klamotten aus, Sauna an! Skandinavisch sauniert und gespeist wird im *HÄLMA (🕮 0) (Sauna-Tageskarte: 20 Euro p. P. | Heinrich-Brauns-Str. 3 | haelma.de)*. Fünf Saunen, ein Saunagarten mit Abkühlpool und Teich sowie das wunderschöne Bistro versprechen einen erholsamen Urlaubstag. Donnerstags ist Damensauna. Die Saunalandschaft im *BAD 2 (🕮 F11) (3-Stunden-Karte inkl. Bad: 16 Euro | Schillerstr. 144)* bietet ein klassisches Saunaerlebnis mit verschiedenen Saunen, Dampfbädern, Tauchbecken und Ruhebereich. „Atmen, bewegen, entspannen" ist das Motto bei *Havenyoga (🕮 0) (havenyoga.de)*. Kurse und Workshops bringen Körper und Seele in Einklang, gebucht wird über die Website.

FESTE & EVENTS

Ein ganzes Jahr voller Feste, Festivals und Kultur. Dabei macht die Seestadt ihrem Namen alle Ehre: Fisch, Wasser und Schiffe gehören in Bremerhaven zu jedem guten Event!

JANUAR/FEBRUAR

Neujahrsempfang Fischereihafen: Um Punkt 12 Uhr läutet ein dreifacher Neujahrssalut im *Schaufenster Fischereihafen* das neue Jahr ein. Ab 11 Uhr gibt es Sekt und Berliner.

APRIL/MAI

Bauernmarkt am Hafen: Von April bis November kannst du an sechs Sonntagen über den stilvollen Lebensmittel- und Handwerkermarkt im Fischereihafen schlendern, und das jeweils unter einem besonderen Motto. *bauernmarkt-am-hafen.de*

Fischparty: Schlemmen mit Hintergrundwissen im Fischereihafen: Zahlreiche kulinarische Aktivitäten locken bis zu 70 000 schaulustige Feinschmecker in den Süden der Stadt. *fischparty-bremerhaven.de*

JUNI/JULI

Bremerhavener Musiksommer: Livemusik den ganzen Sommer über! Von Juni bis September performen jeden Donnerstag tolle Bands im Fischereihafen und du feierst mit. *bremerhavener-musiksommer.de*

Lange Nacht der Kultur: Ein Kreativfeuerwerk mit Musik, Theater, Stummfilmkino und Malerei erhellt die Stadt! *lange-nacht-der-kultur.de*

Drachenboot-Cup: Muskelkraft und Trommelschläge bewegen die 12,5 m langen Boote in spannenden Rennen durch den Fischereihafen. *bremerhaven.de*

Drachenfestival: Wenn du am Himmel fliegende Fische siehst, dann sind die Drachen los! Aus ganz Deutschland reisen leidenschaftliche Drachen-

Open-Air-Party auf der Kultmeile beim Straßenfest Alte Bürger

flieger mit außergewöhnlichen Exponaten an und verwandeln den Himmel über dem Deich in eine Fabelwelt. *bremerhaven.de/drachenfestival*

Straßenfest Alte Bürger: Für ein Wochenende wird die beliebteste Straße der Stadt zur Partymeile mit Livemusik und Street Food. *diealtebuerger.de*

AUGUST/SEPTEMBER

Kino im Hafen: filmisches Open-Air-Spektakel im *Schaufenster Fischereihafen* – Kinogenuss auf einer riesigen Leinwand unter freiem Himmel. *bremerhaven.de/kino-im-hafen*

artspace Bremerhaven: Eine Entdeckungsreise durch die kreative Welt der Seestadt. Abstrakte Kunst, Installationen oder Performances – die *Alte Bürger* bietet nahezu endlose Möglichkeiten. *artspace-bremerhaven.de*

Maritime Tage Bremerhaven: DAS Großevent in Bremerhaven! Aus allen Himmelsrichtungen kommen Segelschiffe von nah und fern, um bei dem mehrtägigen Hafenfest dabei zu sein. Schiffe, Street Food, Livemusik, ein Freibeuter-Dorf und Feuerwerk – nicht verpassen! Während des Hafenfests können nicht nur zahlreiche beeindruckende Segelschiffe aus aller Welt an den Kajen bestaunt werden, du kannst sogar mit in See stechen. *bremerhaven.de/maritimetage*

SAiL Bremerhaven: Alle fünf Jahre trifft sich in Bremerhaven das Who's who der Segelszene zum internationalen Windjammer-Festival. Ein Meer aus Schiffen und das bunte Rahmenprogramm versetzen die ganze Stadt ins SAiL-Fieber! *sail-bremerhaven.de*

NOVEMBER/DEZEMBER

Weihnachtsmarkt: Mit Beginn der Adventszeit erstrahlt die Innenstadt im goldenen Glanz und ein besonderer Zauber hält Einzug in die Stadt. *bremerhaven.de/weihnachtsmarkt*

SCHÖNER SCHLAFEN

BURJ AL BREMERHAVEN

Falsch abgebogen und in Dubai gelandet? Keine Sorge, Bremerhaven hat sein eigenes Riesensegel! Das *ATLANTIC Hotel Sail City (120 Zi. | Am Strom 1 | atlantic-hotels.de | €€ | Havenwelten | 🕮 b3)* sieht nicht nur von unten spektakulär aus, auch ein Besuch der Aussichtsplattform in der 20./21. Etage lohnt sich! Die Hotelzimmer sind großzügig und modern gestaltet, bieten tolle Ausblicke auf Stadt und Weser, und im Restaurant *Strom* ➤ S. 50 wird lecker gekocht.

HALLO HUMMER

Wenn's was Besonderes sein darf: Im Fischereihafen liegt das *Hausboot Lobster (1 App. | Fischkai 2 | hausboot-lobster.de | €€€ | Fischereihafen | 🕮 D11)* vor Anker. Die schicke 50-m²-Suite ist für bis zu vier Personen eingerichtet, durch die großen Glasfronten schaust du direkt auf Wasser und Schiffe. Auf der gemütlichen Holzterrasse an Deck schmeckt der erste Kaffee am Morgen gleich doppelt so gut!

INSIDER-TIPP
Frühstück an Deck!

EINFACH GUT 🐷

Statt piefigen Jugendherbergsflairs gibt's im *havenhostel (99 Zi. | Bürgermeister-Smidt-Str. 209 | havenhostel.de | € | Mitte | 🕮 C5)* helle und moderne Zimmer mit Bad. In der Gemeinschaftsküche kannst du selbst kochen, im Games Room Billard spielen und mit anderen Reisenden ins Gespräch kommen. Das *havenhostel* ist barrierefrei, Hund und Wohnmobil sind ebenfalls willkommen.

KARMA REGELT

Ein familiengeführtes Erfolgsmodell: Das *Hotel Haverkamp (99 Zi. | Prager Str. 34 | hotel-haverkamp.de | €€€ | Mitte | 🕮 c2)* liegt nahe der Fußgän-

Watt 'ne Sicht: Schlafen mit Weitblick im ATLANTIC Hotel Sail City

gerzone und gehört seit vielen Jahren zu den besten Hotels Bremerhavens – auch, weil es sich immer wieder neu erfindet! Im Restaurant Weinrot ➤ S. 53 speist du gediegen, die Selbstbedienungsbar KARMA KITCHEN funktioniert auf Vertrauensbasis.

LAGE, LAGE, LAGE!

Das *im-jaich boardinghouse und Hotel (36 Zi. | Am Leuchtturm 1 | im-jaich.de | €€ | Havenwelten | a1)* liegt direkt an der Lloyd Marina und ist die erste Wahl, wenn du dich nicht zwischen komfortablem Hotelservice und einer eigenen Küche entscheiden möchtest. Lecker gespeist wird im *Café & Bistro* Übersee. Was darf's sein, Weser- oder Hafenblick?

AHOI, MATROSE!

Wo früher die Zöglinge der *Schulschiff Deutschland* ➤ S. 27 *(30 Außenkammern | Lloyd Platz/Neuer Hafen | schulschiff-deutschland.de | € | Havenwelten | b2)* in Hängematten schliefen, kannst du heute auch ohne Seemannsausbildung die Nacht verbringen. Wer nicht gleich die Kapitänssuite mietet, lebt in den Außenkabinen eher rustikal. Dafür bekommst du ein einmaliges Erlebnis, das du für immer mit Bremerhaven verbinden wirst.

HAFENFLAIR DE LUXE

Nach dem Aufwachen Schiffe gucken: Das exklusive *Designhotel THE LIBERTY (93 Zi. | Columbusstr. 67 | www.liberty-bremerhaven.com | €€€ | Havenwelten | b2)* glänzt mit einer tollen Lage am Neuen Hafen. Die wunderschöne Ausstattung, ein stimmungsvoller Spa-Bereich, zwei Restaurants und der perfekte Service sorgen dafür, dass du dich hier wohlfühlst. Vor dem Zubettgehen endet dein Tag so stilvoll, wie er begonnen hat – bei einem Drink in der *New York Bar* ➤ S. 67.

ERLEBNIS TOUREN

Wenn dir nach dem Lesen dieses Reiseführers der Kopf schwirrt und du gar nicht weißt, was du zuerst anschauen sollst: Die Erlebnistouren bieten einen guten Einstieg!

Die *Bremerhaven Historische Tour* führt dich zu Fuß zu den wichtigsten Sehenswürdigkeiten der Stadt – eine (gut verdauliche) Portion Geschichtsunterricht gibt's gratis dazu. Danach hast du einen guten Überblick und kannst dich ganz entspannt dem intensiven Erkunden deiner persönlichen Highlights widmen. Bei der Tour *Watt'n*

Alter und neuer Glanz: die *Schulschiff Deutschland* vor den Havenwelten

Meer wird's sportlich: Mit dem E-Bike fährst du – fast immer am Deich entlang – von Bremerhaven nach Cuxhaven. Unterwegs begegnen dir Leuchttürme, Wattwürmer, Fischbrötchen und kuriose Muscheln. Wer sportlich ist, schafft die Tour auch ohne Motor. Zurück geht's bequem: mit dem Zug.

❶ BREMERHAVEN HISTORISCHE TOUR MIT APP

- ➤ App-geführte Rundtour mit Augmented Reality (AR)
- ➤ Als Überblicks- oder als Tagestour (mit Museumsbesuchen) möglich

Klappbrücke

Schulschiff Deutschland

ca. 7,5 km

reine Gehzeit 1 ½ Stunden + individueller Aufenthalt in Museen

Kosten: ggf. Eintritt Museen
Routenführung: BremerhavenGuide (kostenlos im App- + Play-Store verfügbar)

Google Play

App Store

SO GEHT'S

Der Tourverlauf orientiert sich am Verlauf der *Historischen Tour*, wie sie in der offiziellen App **Bremerhaven-Guide** ➤ S. 103 beschrieben ist. Über die Live-Routenführung erhältst du jede Menge Zusatzinfos zur Geschichte der einzelnen Wegpunkte. Um die *Augmented-Reality-Funktion (Augmented Reality: erweiterte Realität – Ergänzung einer realen Ansicht durch virtuelle Elemente)* zu nutzen, folge den Anweisungen in der App. Während sich ein Besuch im *Zoo am Meer*, im *Deutschen Schifffahrtsmuseum* oder im *Historischen Museum* mit jeweils 1–2 Stunden Besuchszeit gut in die Tour integrieren lassen, solltest du für das *Deutsche Auswandererhaus* und das *Klimahaus* jeweils einen halben Tag einplanen.

HIGHLIGHT HAVENWELTEN

① Klappbrücke

② Schleuse Neuer Hafen

Du startest deine Tour an der **① Klappbrücke**, die seit 90 Jahren den Übergang vom Alten zum Neuen Hafen verbindet. Nach einem Spaziergang entlang des Hafenbeckens gelangst du zur **② Schleuse Neuer Hafen**. Wenn gerade kein Schiff geschleust wird, passierst du die Brücke und stehst vor dem ❸ **Simon-Loschen-Leuchtturm** ➤ S. 29. Hier drehst du um und gehst zurück über die Schleuse – von hier aus ist es nur ein (Wild-)Katzensprung zum ❹ **Zoo am Meer** ➤ S. 29. Ob du Eisbär, Pinguin und Co. jetzt einen Besuch abstattest oder dich direkt auf den Weg zum Weserdeich machst, ist dir überlassen. Bei deinem Spaziergang über den Deich passierst du das ❺ **Klimahaus** ➤ S. 30, bevor du das ❻ **Deutsche Schifffahrtsmuseum** ➤ S. 31 er-

❸ Simon-Loschen-Leuchtturm

❹ Zoo am Meer

❺ Klimahaus

❻ Deutsches Schifffahrtsmuseum

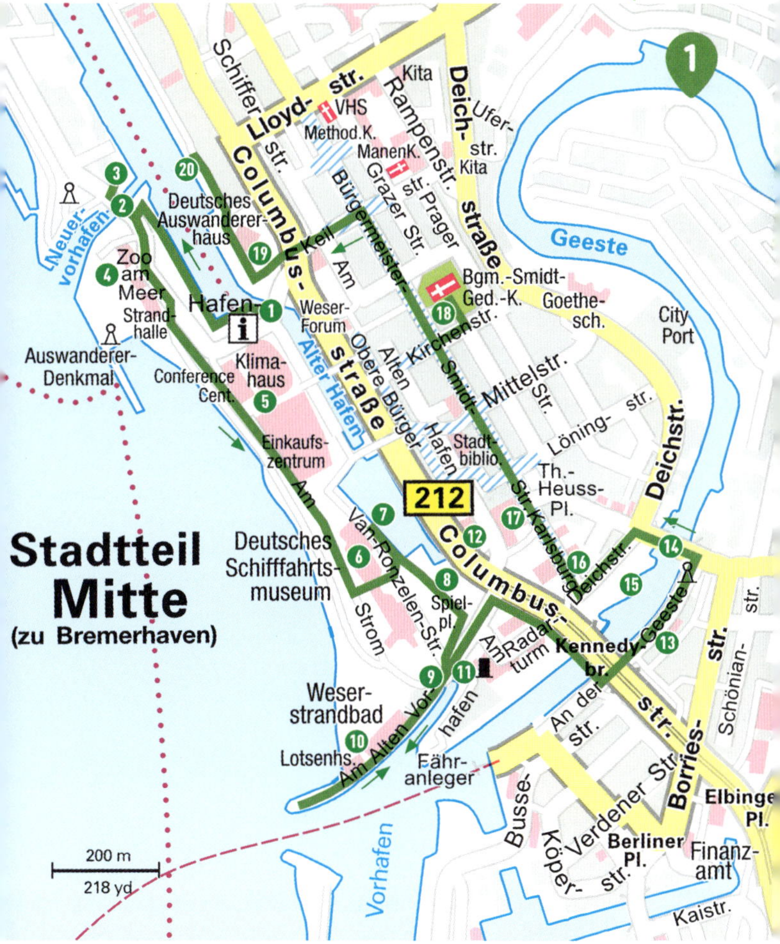

⑦ Museumshafen
⑧ Baltimore Pier
⑨ Paul Ernst Wilke Haus
⑩ Weser-Strandbad

reichst. Ein Besuch der alten Hansekogge aus dem 14. Jh. ist Pflicht! Im Alten Hafen, der heute als ⑦ **Museumshafen** fungiert, erhältst du einen Einblick in die Schifffahrtsgeschichte der Stadt. Hier liegen mehrere Museumsschiffe, u.a. das Technikmuseum-U-Boot „Wilhelm Bauer" ➤ S. 31. Du passierst die Gedenktafel ⑧ **Baltimore Pier** und das ⑨ **Paul Ernst Wilke Haus** ➤ S. 32, in dem der Landschaftsmaler Paul Ernst Wilke einst sein Atelier betrieb.

Zu einer Erholungspause im Strandbad mit Picknick oder Eis (oder beidem) lädt das ⑩ **Weser-Strandbad** ➤ S. 84 ein *(Am Alten Vorhafen | baeder-bhv.de)*. Schwimmen ist aufgrund der Strömung nicht erlaubt, Beine abkühlen aber schon!

⑪ „Radarturm"
⑫ AWI - Alfred-Wegener-Institut
⑬ Historisches Museum
⑭ Alte Geestebrücke
⑮ Wencke-Dock

GESCHICHTSSTUNDE IN GEESTEMÜNDE

Auf deinem Weg in den Stadtteil Geestemünde passierst du den 106 m hohen Richtfunkturm, den die Bremerhavener schlicht ⑪ **„Radarturm"** nennen. Das ⑫ **AWI – Alfred-Wegener-Institut** ist ein international renommiertes Forschungsinstitut in Bremerhaven, das sich auf Polar- und Meeresforschung spezialisiert hat. Über die *Kennedybrücke* gelangst du zum ⑬ **Historischen Museum** ➤ S. 35. Der Eintritt ist frei – unbedingt besuchen! Hier vervielfacht sich dein Wissen über Bremerhaven und die Themen, die die Stadt beweg(t)en. Anschließend überquerst du die Geeste über die ⑭ **Alte Geestebrücke** und erreichst das ⑮ **Wencke-Dock** – das ehemalige Trockendock aus der Zeit um 1845 gilt als die Wiege des Schiffbaus in Bremerhaven und ist heute ein Technikdenkmal.

⑯ „The last step"
⑰ Stadttheater
⑱ Große Kirche

NEW YORK ALS ZIEL

Zurück in der Innenstadt erinnert das Auswandererdenkmal ⑯ **„The last step"** vor der Hochschule Bremerhaven an Millionen Menschen, die Europa über Bremerhaven in Richtung einer ungewissen Zukunft verließen. Das ⑰ **Stadttheater** ➤ S. 69 begeistert seit 1911 als Mehrspartenhaus Besucher von nah und fern. Mit der AR-Funktion bekommst du hier was auf die Ohren. Und vielleicht gibt es noch Tickets für heute Abend? Die ⑱ **Große Kirche** ➤ S. 34 ist ein beeindruckendes

Backsteingebäude und als einzige Kirche Deutschlands einer weltlichen Person gewidmet: Bürgermeister Smidt! Durch die Fußgängerzone gehst du zurück in Richtung Havenwelten. Du passierst das ⓳ **Deutsche Auswandererhaus** ➤ S. 26 und spazierst entlang der Kaje zum Wegpunkt *Neuer Hafen*. Hier liegt die ⓴ **Schulschiff Deutschland** ➤ S. 27, die du bei dieser Gelegenheit auch besichtigen kannst. Danach endet deine Tour – vielleicht mit einem Cocktail in der New York Bar im THE LIBERTY Hotel ➤ S. 67?

⓳ Deutsches Auswandererhaus

⓴ Schulschiff Deutschland

❷ WATT'N MEER – MIT DEM (E-)BIKE

- ➤ Fahrradtour von Bremerhaven nach Cuxhaven
- ➤ Nordsee und Wattenmeer erleben

Start: Tourist Information Havenwelten
Ziel: Schaufenster Fischereihafen
Strecke: ca. 60 km
Dauer/Verkehrsmittel: 1 Tag, Fahrrad, Zug
Info: Kosten: Zugfahrt ca. 8 Euro, Kurioses Muschelmuseum Wremen 3,50 Euro, zzgl. Verpflegung

FINDE DEN DEICH

Deine Tour startet nach einem guten Frühstück an der ❶ **Tourist-Info Havenwelten** ➤ S. 99. An der „Deichseite" des Neuen Hafens schiebst (!) du dein Rad bis zum Ende des Hafenbeckens, biegst dann rechts in die Schleusenstraße ab, fährst über die Hebebrücke und dann links auf die Barkhausenstraße, der du für 1 km folgst. Nach einer Rechtskurve biegst du links in die Franziusstraße und fährst stadtauswärts in Richtung ❷ **Überseehäfen** ➤ S. 39 (Personalausweis mitnehmen in den Zollbereich). Siehst du ein Container- oder sogar ein Kreuzfahrtschiff? Hinter dem *Treffpunkt Kai-*

❶ Tourist-Info Havenwelten

❷ Überseehäfen

2
Nationalpark
Niedersächsisches
Wattenmeer
Duhner Watt
Kugelbake
DUHNEN
CUXHAVEN
Schutzzone I
Sahlenburger
Watt
Kleinwatt
Kratzsand
Radarturm
Alte Liebe
STICKENBÜTTEL
DÖSE
Galgenberg
SAHLENBURG
WESTERWISCH
Umschlaganlage
SPANGEN
RITZEBÜTTEL
Wolfsberg
HOLTE
SÜDERWISCH
GRODEN
Altenbrucher Hafen
ARENSCH
Höltjer Höhe
Altenwalder
ALTENWALDE
Forst
Altenbruch
Cuxhaven
Altenwalde
BERENSCH
Großer Helmersberg
Oxstedter Heide
FRANZENBURG
GUDENDORF
OXSTEDT
Westerende
Lüdingworth
Bauerndorn
LÜDINGWORTH
Nikolaikirche
ALTENBRUCH
Spiekaer
Barre
Robinsbalje
Strichweg
Spieka
Nordholz
Neufeld
Aeronauticum
Wursterheide
Voßberg
Spiekaer Altendeich
Deichsende
Wurster
Cappel
Spiekaer Nordermarren
Knill
Scharnstedt
Nordholz Süd
Wanhöden
Häveschenberger Moor
Aßbütteler Moor
Feuerstätte
Heringskoop
Grafenberg
Wurster
Cappeler Niederstrich
Cappeler Oberstrich
Spieka
Spiekaer Südermarren
Barlingspecken
Northum
Midlum
Nordholz
Kopfenburg
Westerwanna
Meyers Legde
Alter Turm
Dorumer Neufeld
Nordsee-
Düringer Weg
Midlumer Nordermarren
Großenbüttel
Alte Siedlung
Midlumer Heide
Süderheide
Am Bielenberge
Dorumer Altendeich
Cappel
Drahn
Falkenberg
Padingbütteler Altendeich
Dorumer Niederstrich
Dorumer Oberstrich
Oberhausen
Sorthum
Midlumer Südermarren
Kransburg
Sonnenberg
Falkenberger Moor
Alten-Falkenberg
Padingbütteler Niederstrich
Land
Padingbütteler Oberstrich
Padingbüttel
Knakenburg
Dorumer Marren
Schiffshöhe
Krempel
Misselwardener Altendeich
Neuenwalder Ahlener Randk.
Watt
Misselwardener Niederstrich
Dorum
HOLSSEL
Rugenberg
Neumühlen
Dahlemer See
Engbüttel
Grohden
Flohburg
Barlinghausen
Holßelerfeld
Hohe Luft
Höchte
Vierhausen
Halemer See
Schmarren
Misselwarden
Lewing
-küste
Neuenwalde
Im Seegen
Twendamm
Mulsum
Sachsendingen
Neuenwalde
Auf dem Stüh
Haselhorn
Schutzzone I
Rintzeln
Wierde
Wursten
Wremen
Muschelmuseum
Windturbinenpark
SIEVERN
Hymendorf
Hymenmoor
Weser
Hofe
Langenacker
Bullmersberg
Fickmühlen
Fahlenbruch
Hülsing
TAJENFELD
WREMER
Große
Lang-
Plate
Schottwarden
Windturbinenpark
Langen
DEBSTEDT
MOOR
Debstedt
Drangstedt
IMSUM
Debstedterbüttel
Wehden
Neumühlen
WEDDEWARDEN
LEHERHEIDE
Kührstedte
Schutzzone I
Lütjen-
Marschenhaus
Freilichtmuseum
Container-Terminals
Lavener Straße
Elmlohe
Holz
Kührstedt
Hohe
Geesthaus
Museum
Bremerhaven-Überseehäfen
Überseehafen
Marschkamp
Brink
Sand
LEHE
2023
Laven
Spaden
Sillenserdeich
Schutzzone I
Langlütjen II
Plate
Langlütjen I
Moorbrücke
Schiffdorfer
GEESTLAND
Waddenserdeich
BREMERHAVEN
Brudde-warden
Husumerdeich
Husum
Schutzzone I
TETTENS
Bremerhaven-Zentrum
Isens
Schockumerdeich
Zoo am Meer
3 km
Waddens
NEUBURG
Klein Eckwarden
Boving
SCHWEEWARDEN
1.86 mi
Volkers
Deutsches Auswandererhaus
Waddenserwisch
Widders
BLEXERWURP
GEESTE-
Schiffdorf
Großer Sellstedter See
Rahden
Endelwarf
Schütting
BLEXEN
Grebswarden
Wildes
PHIESEWARDEN
Bremerhaven-Geestemünde
Friedheim
Moor
Pennhop
Sellstedt
Habichthorst
Hexenbarg
MÜNDE
SURHEIDE

serhafen ➤ S. 50 biegst du rechts in die Brückenstraße ab. Über die Straßen Am Erzhafen, Zum Nordhafen und die Senator-Borttscheller-Straße kommst du nach Imsum und hältst dich links in Richtung Deich – ab jetzt geht es fast nur noch geradeaus an der Küste entlang!

VON DER MUSCHEL ZUM FISCHBRÖTCHEN

Dein nächster Stopp ist der 3 **Aussichtsturm Ochsenturm** direkt hinter dem Weserdeich. Um das Jahr 1300 gehörte er zu einer Kirche. Von oben (keine Angst, er wurde zwischenzeitlich restauriert) kannst du kilometerweit Schiffe erspähen. In Wremen angekommen bestaunst du den hübschen Leuchtturm 4 **„Kleiner Preuße"** und machst – je nach Lust und Laune – einen Abstecher ins 5 **Kuriose Muschelmuseum Wremen** ➤ S. 80. Zurück am Deich fährst du weiter nach Dorum-Neufeld, wo du das 6 **Nationalpark-Haus Wurster Nordseeküste** ➤ S. 80 besichtigst. Nach der Lehrstunde in Sachen Nordsee und Watt ist Zeit für eine Fischbrötchen- oder Backfisch-Pause bei 7 **Peter's Fischkombüse** *(tgl. 9–19 Uhr | Am Neuen Deich, Dorum-Neufeld | €)*, bevor du deinen Weg zum 8 **Leuchtturm Obereversand** ➤ S. 80 fortsetzt. Nach einer weiteren halben Stunde Fahrt erreichst du den 9 **Kutterhafen Spieka-Neufeld**. Gleich nebenan befindet sich ein kostenloser Badestrand!

- 3 Aussichtsturm Ochsenturm
- 4 „Kleiner Preuße"
- 5 Kurioses Muschelmuseum Wremen
- 6 Nationalpark-Haus Wurster Nordseeküste
- 7 Peter's Fischkombüse
- 8 Leuchtturm Obereversand
- 9 Kutterhafen Spieka-Neufeld

AM ENDE WARTET DIE ALTE LIEBE

Deine letzte größere Etappe führt dich schließlich weiter am Wasser (oder Watt) entlang durch Sahlenburg und die Duhner Küstenheide – hier leben Wildpferde und Wisente – nach Cuxhaven. Ein Stopp bei der 10 **Kugelbake** ➤ S. 77, dem Wahrzeichen Cuxhavens, darf nicht fehlen, bevor die 11 **Alte Liebe** ➤ S. 76 auf dich wartet. Mit Cappuccino oder Eis in der Hand Schiffe gucken – was gibt's Schöneres? Anschließend geht es durch die Hafenanlagen zum 12 **Bahnhof** und mit dem Zug zurück nach Bremerhaven (ca. 45 Min. Fahrt). Die letzten 2 km vom Hauptbahnhof ins 13 **Schaufenster Fischereihafen** ➤ S. 37 sind ein Klacks. Hier wartet dein Abendessen, zum Beispiel auf dem *Salondampfer Hansa* ➤ S. 50.

- 10 Kugelbake
- 11 Alte Liebe
- 12 Bahnhof
- 13 Schaufenster Fischereihafen

GUT ZU WISSEN

DIE BASICS FÜR DEINEN STÄDTETRIP

ANKOMMEN

ANREISE

Bremerhaven liegt ca. 65 km nördlich von Bremen und ca. 120 km westlich von Hamburg. Die Abfahrt *Zentrum* bringt dich von der Autobahn A27 direkt zu den *Havenwelten* und in die Innenstadt. Von Westen kommend, fährst du auf der B437 durch den *Wesertunnel* bei Dedesdorf und wechselst dann auf die A27. Mit dem Zug erreichst du Bremerhaven über Bremen oder Cuxhaven kommend. Über den *Weser-Radweg*, den *Nordseeküsten-Radweg*, den Radwanderweg *Vom Teufelsmoor zum Wattenmeer* oder die *Seestadt-Route* ist die Stadt auch mit dem Fahrrad gut angebunden. Falls du per Jacht kommst, sind die Sportboothäfen und Marinas der Stadt dein Ziel – Liegeplätze gibt es in Hülle und Fülle. Die nächstgelegenen Flughäfen sind der *Sea-Airport Cuxhaven/Nordholz* (ca. 31 km) und der *Flughafen Bremen* (ca. 65 km).

MOBIL SEIN

ÖFFENTLICHE VERKEHRSMITTEL

Bremerhaven lässt sich wunderbar zu Fuß erkunden – sollte der Weg aber doch einmal zu weit sein oder die Füße schmerzen, sind *Bremerhaven Bus* und der *Verkehrsverbund VBN* deine Partner in Sachen Mobilität. Je nach Bedarf erwirbst du ein Einzelticket *(Erw. 2,50 Euro, bis 14 J. 1,25 Euro)*, ein 4er-Ticket *(8,60 Euro)*, ein Tagesticket für bis zu 5 Personen *(7–19 Euro)* oder – bei längerem Aufenthalt – ein 7-Tage-Ticket *(Erw. 19,30 Euro, Schüler 14,60 Euro)*. Mit der VBN-App *FahrPlaner* planst du deine Fahrt, kaufst Tickets usw.

Die Weserfähre ist nicht nur bei Pendlern beliebt

MIETRÄDER

Alles schön flach hier, wenn man jetzt ein Fahrrad dabei hätte … Die *RadStationen* helfen dir aus der Patsche! Du findest sie bei den Tourist-Infos (➤ Auskunft) im Schaufenster Fischereihafen und auf der Hafeninsel *(März–Nov. tgl. 10–16 Uhr | mietrad-bremerhaven.de)*. Sogar ein E-Bike-Tandem und Räder für Menschen mit Behinderung kannst du an den RadStationen mieten! Pannenservice & *RadHotline* ganzjährig unter *Tel. 0172 4 41 09 38*.

TAXI

Wenn's mal richtig spät wird und/oder die Füße einfach nicht mehr wollen: Taxi Lloyd kutschiert seine Gäste seit fast 70 Jahren rund um die Uhr durch die Region *(Tel. 0471 4 00 04)*.

WESERFÄHRE

Die Weserfähre verkehrt zwischen Bremerhaven und Nordenham-Blexen. Für 12 Minuten gehst du auf große Fahrt und schnupperst frische Seeluft. Nur echt mit Bockwurst! (➤ S. 36) *weserfaehre.de*

VOR ORT

AUSKUNFT

Beratung, Tipps und Tickets gibt's über die zentrale Gästerufnummer *(Tel. 0471 41 41 41)*, bei der *Tourist-Info Hafeninsel (tgl. 9.30–17 Uhr | H.-H.-Meier-Str. 6 | Tel. 0471 80 93 61 21)* oder der *Tourist-Info im Schaufenster Fischereihafen (April–Okt. tgl. 9.30–17 Uhr | Am Schaufenster 5 | Tel. 0471 80 93 61 23)*. Auch in Sachen Barrierefreiheit ist Bremerhaven hervorragend aufgestellt und offiziell durch das Zertifizierungssystem *Reisen für alle* geprüft. Infos sowie Prospekte in Leichter Sprache: bremerhaven.de/barrierefreiheit

HAFENBUS

Eine Tour mit dem *HafenBus* führt dich ins Heiligste der Überseehäfen. Die Gästeführer an Bord der Doppeldeckerbusse sind oft selbst ehemalige Seeleute, die genau wissen, was am jeweiligen Besuchstag im Containerhafen passiert, welche Schiffe vor Ort sind, was diese transportieren etc. Personalausweis mitbringen, du passierst den Zoll! *Tgl. 14 Uhr, zus. Abfahrten im Sommer s. Website | Preise s. Website, Tickets online buchbar | Einstieg: Schaufenster Fischereihafen, Herwigstr., zwischen Nordsee Hotel Fischereihafen und Parkplatz; zweiter Zustieg: ca. 15 Min. später, Eingang Deutsches Schifffahrtsmuseum, Hans-Scharoun-Platz/Wendehammer | derhafenbus.de | ca. 2 Std.*

SCHIFFSTOUREN

Mit dem Fahrgastschiff *GEESTEMÜNDE* erlebst du Bremerhaven und die Hafenanlagen an der Weser vom Wasser aus. Los geht die zweistündige *Dicke-Pötte-Tour (Preise s. Website | Rundfahrt ab/an Neuer Hafen West, Höhe Zoo | ms-geestemuende.de | Bus Havenwelten | 2 Std.)* im *Neuen Hafen* neben den Restaurantschiffen *Zuckerkutter* und *Klibfisch*. Bei schönem Wetter weht dir an Deck der Wind um die Nase, bei Regen geht's rein in den Panoramasalon. Durch die Schleuse nimmt die *Geestemünde* Kurs auf die Weser und fährt weiter zu den Überseehäfen, wo die richtig dicken Pötte vor Anker liegen. Wenn du die Seehundbänke erreichst, bist du schon fast an der Nordsee ... Die Glasdachbarkassen *Lady Sunshine* und *Hein Mück* fahren vom *Neuen Hafen* über die *Kaiserhäfen I, II und III*, den *Verbindungshafen* und das *Wendebecken* zum *Containerhafen (H.-H.-Meier-Str. 4 | Tel. 0471 41 58 50 | hafenrundfahrt-bremerhaven.de | 1 Std.)*.

WAS KOSTET WIE VIEL?

Eis	1,40–1,50 Euro *eine Kugel*
Fischbrötchen	4–6 Euro
Aussichtsplattform SAIL City	4 Euro *pro Person*
Altleher Hahnentritt	4,20 Euro *1 cl*
Piratenkiste bei Fiedler's	17,90 Euro

PARKEN

In der Innenstadt findest du große Parkhäuser am *Columbus-Center (Columbusstr. 22 u. 28)*, in den *Havenwelten (H.-H.-Meier-Str. 1)*, in der nördlichen City *(Rampenstr. 16)*, am *Theater (Erich-Koch-Weser Platz 1)* und am *Alten Hafen (Am Alten Hafen 118)*. Infos zu städtischen Parkhäusern: *staewog.de/ueber-uns/staepark*

Falls du auf Kreuzfahrt gehst, stehen dir am *Columbus Cruise Center (cruiseport.de)* jede Menge Parkplätze zur Verfügung.

THEATERKARTEN

Der Vorverkauf für das Stadttheater beginnt in der Regel acht Wochen vor dem Vorstellungstermin. Tickets buchst du online *(stadttheaterbremerhaven.de)* oder du besorgst sie dir vor Ort an der Theaterkasse *(Di–Fr 12–18, Sa 10–13 Uhr | Theodor-Heuss-Platz | Tel. 0471 4 90 01)*. Die Abendkasse öffnet eine Stunde vor Vorstellungsbeginn (nach Verfügbarkeit).

WOHNMOBILE

Mit dem Wohnwagengespann oder Wohnmobil fährst du auf der Autobahn A 27 bis zur Ausfahrt *Überseehäfen* und weiter Richtung Spaden, wo du am *Camping- und Ferienpark Spadener See* einen schönen Platz mit allem Komfort findest. Wenn du lieber zentral campieren möchtest: Über die Ausfahrt Zentrum kommst du zum Campingplatz *havencamp Bremerhaven*. Sehr schön sind auch der *Wohnmobilhafen* am Schaufenster Fischereihafen und der Caravan- sowie Wohnmobil-Stellplatz *Havenblick*. Weitere Wohnmobilstellplätze befinden sich in Bremerhaven-Geestemünde an der Doppelschleuse und im Stadtteil Fischereihafen am Fischkai.

NOTFÄLLE

NOTFALLTELEFONE

Polizei: Tel. 110
Feuerwehr/Rettungsdienst: Tel. 112
Ärztl. Bereitschaftsdienst: Tel. 116 117

FUNDBÜRO

Geldbeutel verloren oder Kuschelhasen gefunden? Zuständig ist das Fundbüro im *Bürger- und Ordnungsamt (Mo 8–12 u. 15–17, Di–Do 8–13, Fr 8–12 Uhr | Hinrich-Schmalfeldt-Str. 30, Stadthaus 5, Zimmer 206 | Tel. 0471 5 90 37 58)*.

WETTER IN BREMERHAVEN

Hauptsaison
Nebensaison

	JAN.	FEB.	MÄRZ	APRIL	MAI	JUNI	JULI	AUG.	SEPT.	OKT.	NOV.	DEZ.
Tagestemperaturen	2°	3°	8°	13°	18°	22°	23°	23°	19°	13°	7°	4°
Nachttemperaturen	0°	1°	2°	3°	7°	11°	13°	13°	10°	6°	2°	1°
Sonnenschein Stunden/Tag	3	4	5	8	9	10	10	9	7	5	3	3
Niederschlag Tage/Monat	10	8	9	9	9	10	11	11	9	9	9	10

Sonnenschein Stunden/Tag
Niederschlag Tage/Monat

BREMERHAVEN FEELING

ZUM EINSTIMMEN & AUSKLINGEN

LESESTOFF & FILMFUTTER

NORDSEE – SÜDSEE: ZWEI WELTEN IM WANDEL

Wenn du nicht genug vom Klimahaus bekommen kannst, ist dieses Buch das perfekte Souvenir, um deinen Besuch geistig zu verlängern. Erhältlich im Klimahaus-Shop ➤ S. 60

TRÄUME VON FREIHEIT

Dieser historische Krimi erzählt die Geschichte des Anschlags auf das Auswandererschiff Mosel aus der Sicht zweier Frauen, die sich zunächst in Bremerhaven und später in New York gegenüberstehen. Geschichte zum Mitfiebern!

TATORT: DONUTS

Nicht das süße Schmalzgebäck, sondern die knallharte Tuning-Szene steht im Fokus dieses Tatorts, der in der Seestadt gedreht und 2023 erstmals ausgestrahlt wurde. Hochtouriger Krimi mit viel Containerhafen-Flair!

BREMERHAVEN: DICKE PÖTTE AN DER KAJE

In Bremerhaven heißt der Kai „die Kaje". Wie sich der Ansturm auf Bremerhaven als Anlegeplatz für Kreuzfahrt- und Containerschiffe auf die tägliche Arbeit in den Überseehäfen auswirkt, erzählt diese NDR-Doku.

PLAYLIST SEESTADT

0:57

ERLEBNIS BREMERHAVEN – VOM DEICH INS OHR (2023)
Die Mitarbeitenden der *Erlebnis Bremerhaven* plaudern im Podcast über Themen, die die Seestadt bewegen. Unterhaltsam, lehrreich und ganz nah am Puls der Stadt.

LALE ANDERSEN – LILI MARLEEN (1942)
Dein kultiger Soundtrack zum Besuch der Lale-Andersen-Laterne in der Lutherstraße ➤ S. 42.

USE-IT BREMERHAVEN – PLAYLIST (2023)
Eine Spotify-Playlist mit dem Besten, was Bremerhaven zu bieten hat. Jeder kann mitmachen.

HANS ALBERS, HEINZ RÜHMANN – HEIN MÜCK AUS BREMERHAVEN (1947)
Das Bremerhavener Maskottchen triffst du an vielen Orten in der Stadt. Der Gassenhauer huldigt dem umtriebigen Seemann, der in jedem Hafen eine, aber in Bremerhaven DIE Liebe gefunden hat.

AB INS NETZ

BREMERHAVENGUIDE
Die offizielle App zur Stadt ist deine Begleitung beim Sightseeing, Busfahren, Essengehen … Stelle deine eigene Bremerhaven-Route zusammen, unternimm eine Erlebnistour ➤ S. 90 oder tippe und wische dich von einer interessanten Info zur nächsten.

LOGBUCH BREMERHAVEN
Kunterbunter und aktuell gehaltener Blog rund um die Stadt, ihre Akteure und alles, was die Bremerhavener und ihre Besucher interessiert. *logbuch-bremerhaven.de*

ABOUTCITIES
Gemeinsam noch stärker! Das Städtenetzwerk *Aboutcities* vereint 20 Städte in Niedersachsen – und Bremerhaven. Jede einzelne hat eine Menge zu bieten. *aboutcities.de*

DEUTSCHE AUSWANDERER-DATENBANK
Falls es in deiner Familie Verwandte in den USA gibt, besteht die Chance, dass sie in Bremerhaven ein Auswandererschiff bestiegen. Passagierlisten und Infos: *www.deutsche-auswanderer-datenbank.de*

TRAVEL PURSUIT

DAS MARCO POLO URLAUBSQUIZ

Hast du verstanden, wie Bremerhaven tickt? Teste hier dein Wissen! Es geht um harte Fakten und um die kleinen Dinge, die die Stadt so besonders machen. Die Lösungen findest du in der Fußzeile und ganz ausführlich auf den Seiten 14–21.

❶ An welchem Fluss liegt Bremerhaven?
a) An der Elbe
b) An keinem, sondern an der Nordsee
c) An der Weser

❷ Wie viele Fischstäbchen werden in Bremerhaven pro Jahr produziert?
a) 1,3 Milliarden
b) 50 Millionen
c) 2,7 Milliarden

❸ Wie viele Tiere leben im Zoo am Meer?
a) 1100
b) 3200
c) 70

❹ Wie heißt der berühmte Gründervater Bremerhavens, dem sogar eine Kirche gewidmet ist?
a) Pfarrer Nielsen
b) Bürgermeister Smidt
c) Lehrer Ahrens

❺ Warum wurde die „Alte Bürger" im Zweiten Weltkrieg nicht zerstört?
a) Sie wurde vergessen
b) Sie wurde für zu schön befunden
c) Es gab einen Kartenfehler

❻ Wie weit liegt Bremen von Bremerhaven entfernt?
a) ca. 60 km
b) ca. 80 km
c) ca. 30 km

Lösungen: 1c, 2c, 3a, 4b, 5c, 6a, 7c, 8a, 9b, 10a, 11b, 12c

Neugierig und fotogen: die Pinguine im Zoo am Meer

❼ Welche Attraktion gibt es im Deutschen Schifffahrtsmuseum zu besichtigen?

a) einen versteinerten Hai
b) das erste Fischstäbchen der Welt
c) eine alte Hansekogge

❽ Wer war das Bremerhavener Maskottchen Hein Mück (der Legende nach)?

a) ein umtriebiger Matrose
b) ein besonders angesehener Kapitän
c) ein Zögling auf der *Schulschiff Deutschland*

❾ Wie viele Autos passen auf den riesigen Parkplatz in den Überseehäfen?

a) ca. 55 000
b) ca. 100 000
c) ca. 80 000

❿ Wohin reisten die meisten Menschen, die in Bremerhaven ein Auswandererschiff bestiegen?

a) New York
b) Honolulu
c) Sydney

⓫ Wie hieß eine der größten und bedeutendsten Reedereien aller Zeiten?

a) ABC Altbremer Container
b) NDL Norddeutsche Lloyd
c) AWI Alfred-Wegener-Institut

⓬ Was wurde im Rahmen der Operation „Bird Dog" nach Bremerhaven gebracht?

a) Elvis Presley
b) Auswanderer, die in der neuen Heimat straffällig geworden waren
c) die ersten D-Mark-Scheine

REGISTER

LOB ODER KRITIK? WIR FREUEN UNS AUF DEINE NACHRICHT!

Trotz gründlicher Recherche schleichen sich manchmal Fehler ein. Wir hoffen, du hast Verständnis, dass der Verlag dafür keine Haftung übernehmen kann.

MARCO POLO Redaktion • MAIRDUMONT • Postfach 31 51
73751 Ostfildern • info@marcopolo.de

Impressum
Titelbild: Havenwelten Bremerhaven (mauritius-images.com: Westend61/Werner Dieterich)
Fotos: mauritius-images.com: Günter Gräfenhain (Klappe vorne außen, Klappe vorne innen, 1); mauritius images/Hans-Werner Rodrian/imageBROKER (34); Jan Rathke/Klimahaus (2/3); Erlebnis Bremerhaven GmbH/Maja Herwig (4);Erlebnis Bremerhaven GmbH/Helmut Gross (8); Erlebnis Bremerhaven GmbH/Nicole Tönjes (10); Erlebnis Bremerhaven GmbH/Isabel Wienberg (11); Erlebnis Bremerhaven GmbH/Tosten Boll (12/13); Erlebnis Bremerhaven GmbH/Anna Ściwiarska (14/15); Erlebnis Bremerhaven GmbH/Mailin Knoke (19); Erlebnis Bremerhaven GmbH/Francesco Carovillano (22/23); Erlebnis Bremerhaven GmbH/Tanja Tiedemann (27); Erlebnis Bremerhaven GmbH/Tanja Mehl (37); Erlebnis Bremerhaven GmbH/Tom Stein (52); Erlebnis Bremerhaven GmbH/Nord Event GmbH (82/83); Erlebnis Bremerhaven GmbH/Jörg Sarbach (90/91); Marco Butzkus (6/7); Historisches Museum Bremerhaven (9); Schwarze/Klimahaus (31); PHAENOMENTA (38); Natusch Fischereihafen Restaurant KG (44/45); Achim Meurer (49); Klemm Design (54/55); Vom Fass (59); Fiedlers Kolonialwarenladen (60); Liberty Hotel GmbH (67); Schiffahrtsmuseum Unterweser (75); Nordseeheilbad Cuxhaven GmbH (76);Stadttheater Bremerhaven/Heiko Sandelmann (DIE HERZOGIN VON CHICAGO) (62/63); Stadttheater Bremerhaven/Tobias Mittmann (68); Bastian Hilk/Wingster Waldzoo (79); AERONAUTICUM Nordholz (80); Jens Rillke (86/87); Antje Schimanke/Atlantic Hotel Sail City (88/89); stock.adobe.com/Jacek Chabraszewski (20); stock.adobe.com/Frank (40/41); stock.adobe.com/coastoak (70/71); stock.adobe.com/kojin_nikon (84/85); shutterstock.com/Björn Wylezich (98/99); stock.adobe.com/Rob Bouwman (102/103); Bernd Ohlthaver/Zoo am Meer Bremerhaven (104/105)

1. Auflage 2024

Projektmanagement: MAIRDUMONT Business Solutions, Marco-Polo-Straße 1, 73760 Ostfildern,
Tel. 0711/4502-0, Mail: b2b@mairdumont.com, b2b.mairdumont.com, www.mairdumont.com
Autorin: Marlen O'Brien
Redaktion: Volker Schänzlin
Bildredaktion: GSD-Grafik, Stuttgart
Kartografie: © MAIRDUMONT, Ostfildern (S. 93, 96, Umschlag außen, Faltkarte); © MAIRDUMONT, Ostfildern, unter Verwendung von Kartendaten von OpenStreetMap, Lizenz CC-BY-SA 2.0 (S. 24–25, 28, 33, 36, 39, 42, 46–47, 56–57, 64–65, 72–73)
Als touristischer Verlag stellen wir bei den Karten nur den De-facto-Stand dar. Dieser kann von der völkerrechtlichen Lage abweichen und ist völlig wertungsfrei.
Gestaltung Cover und Umschlag: bilekjaeger_Kreativagentur mit Zukunftswerkstatt, Stuttgart; Gestaltung Innenlayout: Langenstein Communication GmbH, Ludwigsburg
Konzept Coverlines: Jutta Metzler, bessere-texte.de

Printed in Poland

FSC www.fsc.org MIX Papier | Fördert gute Waldnutzung FSC® C018236

MARCO POLO AUTORIN
MARLEN O'BRIEN
Sie liebt das Reisen so sehr, dass sie es sogar studiert hat – als erfahrene Reiseführer-Autorin ist Marlen O'Brien immer auf der Suche nach unentdeckten Orten und besonderen Erlebnissen. Für diesen Band reiste sie von Heidelberg in den hohen Norden und verfügt nun über erweiterte Kenntnisse in Sachen Schiffbau, Fischstäbchen und Regenschirmkonstruktion (je mehr Streben, desto windfester). Voller Einsatz für Bremerhaven!

BLOSS NICHT!

FETTNÄPFCHEN UND REINFÄLLE VERMEIDEN

FISCHBRÖTCHEN MIT MÖWEN TEILEN
Kurz nicht aufgepasst, weg ist die Schrippe. Angeblich lassen sich Möwen durch intensives Anstarren vom Diebstahl abhalten. Ob's funktioniert? Probier's aus!

„MOIN, MOIN" SAGEN
Das ist schon Gesabbel. Einmal Moin reicht.

IN DER WESER BADEN
Im Weser-Strandbad ➤ S. 84 sonnen ist o. k., zum Schwimmen musst du woanders hin – Strömung und Schiffsverkehr sind einfach zu gefährlich.

VOM ALTLEHER HAHNENTRITT ZU VIEL TRINKEN
Puh, der hat ganz schön viele Umdrehungen … 53 Vol.-% übersteht nur, wer sein Limit kennt. Besser nicht auf leeren Magen genießen!

FISCHTOWN OHNE C SCHREIBEN
Liest sich komisch, is' aber so. Beim Eishockey ergibt nicht immer alles Sinn. Erklärbar ist zumindest das Plural-S am Ende der Fischtown Pinguins: Im Plattdeutschen funktioniert das so.